Solomon Sebag

The Hebrew Primer and Reading Book

Containing Rules in Hebrew Grammar, Together with a Vocabulary... Third Edition

Solomon Sebag

The Hebrew Primer and Reading Book
Containing Rules in Hebrew Grammar, Together with a Vocabulary... Third Edition

ISBN/EAN: 9783337140052

Hergestellt in Europa, USA, Kanada, Australien, Japan

Cover: Foto ©Thomas Meinert / pixelio.de

Weitere Bücher finden Sie auf **www.hansebooks.com**

THE

HEBREW PRIMER

AND

READING BOOK.

CONTAINING ALL THE

PRINCIPAL RULES IN HEBREW GRAMMAR,

TOGETHER WITH

A VOCABULARY OF THE BOOK OF GENESIS.

BY

SOLOMON SEBAG.

THIRD EDITION REVISED AND ENLARGED.

LONDON:

PUBLISHED BY THE AUTHOR, 2, HENEAGE LANE,

BEVIS MARKS.

TO BE HAD OF

P. VALLENTINE, 34, ALFRED STREET, BEDFORD SQUARE,

5631—1871.

LONDON:
PRINTED BY S. MELDOLA, JOHN STREET,
BEDFORD ROW.

PREFACE TO THE THIRD EDITION.

THE HEBREW PRIMER AND READING BOOK has passed through two Editions. This fact the author considers is a slight proof of its utility, and therefore submits a third Edition in which will be found the following additions.

To THE VERBS.—The conjugation of a verb with the accusative pronouns; sixteen additional Exercises, viz., three on the regular verbs, two on each of the five classes of irregular verbs, and three on the several classes of verbs combined; these it is hoped will more than compensate for the condensing and changing some of the Exercises in the preceding edition.

To THE VOCABULARY.—The words expressing the numerals, the pronouns, adverbs, &c., which were only inserted in the grammatical part, are now also inserted in the vocabulary. The nouns are given as found in Genesis in addition to their absolute form: thus דָּם *blood*, דָּמָם; אָח *brother*, אָחִי; and the parts of several of the regular verbs if not conjugated like פָּקַד are also added: thus יַעֲקֹר from עָקַר which is the same part as יִפְקֹד.

APPENDIX.—To assist the student in the translation of the book of Genesis from the Vocabulary, a tabular form is added where the root and parts of the verbs of such as contain only one or two radicals are shewn, as in the verb יַעַן. By referring to עַן in the form, the root עָנָה will be found, and the part יַעַן will be explained.

Besides this Tabular form the Appendix contains examples of the various classes of nouns, with their changes of vowel-points for the constructive form, plural number, &c., which is a novel feature in the book.

The author trusts that these additions, which have cost a great amount of time and labour, will render the third Edition of "The Hebrew Primer and Reading Book" more useful than either the first or second.

THE

HEBREW PRIMER AND READING BOOK.

THE LETTERS.

There are twenty-two letters, of which, six have generally a dot in the centre, five have two forms, and some resemble others. They are all consonants, and their sounds, excepting three, correspond with those of the English alphabet.

Table of the Letters with their corresponding English sounds.

FORM.	NAME.	SOUND.	FORM.	NAME.	SOUND.
א	Aleph	no sound without a vowel point	ל	Lamed	L
בּ ב	Bet	B or V	ם מ	Mem	M
גּ ג	Gimel	G hard in GO	ן נ	Nun	N
דּ ד	Dalet	D	ס	Samech	S in SO
ה	He	H in HAND	ע	Gnain	GN in SIGN
ו	Vav	V	ף פ פּ	Pe *or* Fe	P or F
ז	Zain	Z	ץ צ	Tsaddi	Ts
ח	Chet	CH German	ק	Koph	K
ט	Tet	T	ר	Resh	R
י	Yod	Y in YES	שׂ שׁ	Shin *or* Sin	SH or S
ך כּ כ	Chaf *or* Kaph	CH or K	תּ ת	Tav	T or S

Exercise.

Sound the following letters:—

ד ג ם ב ס א שׁ פ ל פּ נ כ צ ק ה ז

ח י ףּ ת ט מּ ן ס ע ץ שׁ ו דּ ך כּ ר

Letters having Dagesh.

There are six letters which take a dot in the centre, called *dagesh*, they are בּ גּ דּ כּ פּ תּ. This dot changes the sound of ב כ פ ת, thus, ב is sounded like *v*, בּ *b*; כ, *ch*, כּ *k*; פ *f*, פּ *p*; ת *s*, תּ *t*. Two only, ב and פ, are changed according to the Portuguese Jews.

Final Letters.

The letters כ מ נ פ צ when occurring at the end of words assume a different form: thus—

כך מם נן פף צץ

Letters Resembling each other in Shape.

The form of the following letters must be particularly observed, as their resemblance to each other may cause mistake.

בכ גנ דר הח זון חת טמ סם עצ

The Letter שׁ.

This letter has two sounds, that of *sh* when the dot is on the right, thus שׁ; and of *s*, when on the left, thus שׂ.

On the Letters ח ע צ.

The pronunciation of the above three letters must be carefully noticed, since they have no equivalent in the English. The sound of the ח must be produced from the bottom of the throat; grammarians generally give it the pronunciation of the *ch* in the German word *Nacht*, or the Scotch word *loch*.

The ע is pronounced like *gn* in the word *sign*.

The צ must be sounded like *ts* in *pits*.

Division of Letters.

The Hebrew alphabet is divided into five classes, according to the organ of speech used in the pronunciation of each letter, called gutturals, labials, palatals, linguals, and dentals.

א ה ח ע	pronounced	from the	throat,	are called	gutturals.
ב ו מ ף	,,	,,	lips,	,,	labials.
ג י כ ק	,,	,,	palate,	,,	palatals.
ד ט ל נ ת	,,	,,	tongue,	,,	linguals.
ז ס צ ר ש	,,	,,	teeth,	,,	dentals.

Exercise.

אשרי האיש אשר לא הלך בעצת
רשעים ובדרך חטאים לא עמד ובמושב
לצים לא ישב כי אם בתורת ה׳ חפצו
ובתורתו יהגה יומם ולילה :

In this exercise the pupil should repeat the sound of each letter, and say if its sound is ever changed; what letter it resembles, and how many forms it has.

Example—כ *ch* German, changed by a dot into *k*, it resembles ב *b*, and has two forms, כ at the beginning or middle, and ך at the end.

Vowel Points.

The letters, being all consonants, have certain marks and points which serve the purpose of vowels. There are ten principal ones: five have a long and five a short sound. One is placed in the centre of the letter ו, one over it ו, and the others all under the letters.

Name, Form, and Position.

LONG VOWELS.			SHORT VOWELS.		
Name.	Form.	Position.	Name.	Form.	Position.
Kamets	(ָ)	אָ	Patach	(ַ)	אַ
Tsarre	(ֵ)	אֵ	Segol	(ֶ)	אֶ
Chirick	——	אִ	Chirick	——	אִ
Cholem	וֹ	אוֹ	Kamets chatoof (ָ) or (ֳ)		אָ אֳ
Shoorek	וּ	אוּ	Kibbuts	(ֻ)	אֻ

Observe.—The ו of the cholem is often omitted, and the dot placed over the letter, thus בֹ קֹ הֹ.

Sounds of the Vowel Points.

The points are not sounded alike by the Portuguese and German Jews; they differ in the three long vowels (ָ), (ֵ), and וֹ, and also in the short vowels, which the Portuguese Jews sound like their corresponding long ones, but in a quicker manner, while the German Jews give to the (ַ), (ֶ), and short (ָ) a different sound from long (ָ), (ֵ), and וֹ.

Sound of the Vowel Points according to the Portuguese Jews.

ָ and ־ like *a* in *far*.
־ and ַ like *a* in *make*.
ֵ and ֶ like *e* in *me*.
וֹ ָ and ׇ like *o* in *bone*.
וּ and ֻ like *u* in *rude*.

Sound of the Vowel Points according to the German Jews.

ָ *o* in *bone*. — ־ *a* in *far*.
־ *i* in *find*. — ַ *a* in *make*.
ֵ and ֶ like *e* in *me*.
וֹ *ou* in *out*. — ָ or ׇ *o* in *bone*.
וּ and ֻ like *u* in *rude*.

Letters joined with Points.

To join the letters with points, sound the letter and then the point, thus מָ, the letter מ stands as *m*, and the point sounds as *a* in *far*, therefore the reading is *mā*.

Examples of Letters joined with Points, with their English Sounds.

Note.—*a* with a mark over it, thus *ā*, denotes the *a* in *far*.
a with no mark denotes the *a* in *make*.

Care must be taken to sound the short vowels quicker than the long ones.

Portuguese.	German.	Portuguese.	German.
בָּ bā	bo	כְּ cha	chi
גָּ gā	go	תָּ ta	ti
דָּ dā	do	שׂוֹ sho	shou
לָ lā	lo	שׂוֹ so	sou
כִּ ka	ki	עוֹ gno	gnou
מָ ma	mi	צוֹ tso	tsou

The points under the following letters are sounded alike in both readings.

זָ zā חָ chā טָ tā יָ yā קָ ka פָּ pa פָ fa הָ ha

וֵי ve סֵי se רֵי re צֵי tse גֶ ge בֶּ be זֶ ze נֶ ne. Short (ָ)

בָּ bo לָ lo עָ gno סָ so מֳ mo טֳ to נֳ no פֳּ fo

בּוּ bu דוּ du רוּ ru תוּ tu זֻ zu שֻׁ su קֻ ku

Exercise.

Letters joined with Long Vowels.

Hebrew is read from right to left.

דָ בָ כָ לָ כָּ מָ נָ סָ תָ מֵ זֵ כֵ שֵׁ שֵׂ פֵּ פֵ רֵ

אִי בִּי דִי מִי לִי זִי דוֹ בוֹ כוֹ לוֹ כּוֹ מוֹ נוֹ סוֹ תוֹ

צֹ פֹּ רֹ תֹ גֹ מוּ זוּ כּוּ שׁוּ שׂוּ פּוּ פוּ רוּ

Exercise.

Letters joined with Short Vowels.

דַ בַּ כַ מַ נַ סַ חַ גַ תַ דֶ בֶ לֶ כֶ מֶ סֶ הֶ גֶ תֶ

דִ בִ כִ מִ נִ סִ חִ גִ תִ דֻ בֻ לֻ כֻ מֻ סֻ חֻ גֻ תֻ

כְּ לֱ הֱ זֱ דֱ גְ תֱ בָ גָ דְ זְ תָ וָ:

Letters without Points.

A letter without a point is read with the letter and point before it.

Example.—דָם the ם *m* having no point must be joined to the ד, *d* which has the point, and the two together are read *dām*.

Examples.—גֵיד ged, גּוּר gur, בַּל bāl, בֵּין ben, מֵיד med.

Exercise.

אֵל אִם אוֹם אוֹר בַּר בּוֹשׁ בַּת בֵּית גוֹר גּוֹר גַּשׁ גַּת

דִּיר דוֹר דּוֹר דַּת וַו זַב זַג זַד זַת חַג חַח הוּט

חוֹל טַף טוֹף טוֹק טוֹם כַּן כֵּם כִּים כּוֹס לָן לָק לוּשׁ

לָשׁ מָן מַת מוּשׁ מוּת נוֹם נֹף נַץ נַר נוֹר סָם סַף

סוּף סַר סוּת עִם עַן עוֹף עָשׁ עַת פוֹר פּוּר פַּשׁ פַּת

צַר צִיר צוֹר צוּר קַר קִיר קוֹר קָשׁ רַן רוֹן רִיק רוֹק

שַׁח שֶׁל שׁוֹל שַׁר שֹׁם שָׁם שִׁים תֵּב תּוֹב תֵּב תֵּו

תָּק תֵּל ·

Syllables.

Syllables are of two kinds, simple and compound. A simple syllable is a consonant joined with a vowel-point, thus מָ mā, בִּי be.

A compound syllable consists of two consonants, both sounded, and the first having a vowel-point; thus דָּן dān, מֶן men.

Words containing Simple Syllables.

Examples.—לִינוּ le-nu, קוּמוּ ku-mu, שׁוּבִי shu-be, שָׁלִי sha-le, כָּמוֹךָ ka-mo-chā.

Exercise.

לִי רוּחוֹ גָּלִינוּ עִירֵנוּ אָבִינוּ יָדוֹ יַבִּיעוּ יוֹדוּךָ

יָגִילוּ אָנֹכִי מָצִינוּ הוֹשִׁיעֵנוּ יָשִׁימוּ קוֹלֵנוּ כַּעַסֶךָ

אֵלִי לָנוּ בָּאוּ עִירִי קוֹלִי שָׁבוּ קָנִיתָ רוֹעִי רוֹעֵנוּ

זוּלָתוֹ תּוֹרָתוֹ שׁוּבוֹ בָּנוּ כּוֹסִי כּוֹחוֹ כּוֹחֲנוּ

On the Sounds שׂ שׁ שׁ עַ חַ וּ

וּ at the beginning of a word is pronounced as u in rude.
Example.—וּמִי u-me, and not vu-me.

חַ at the end is pronounced as ach and not chā.
Example.—רוּחַ ru-ach, and not ru-cha.

עַ at the end is pronounced as āgn, and not gnā.
Example.—יָדוּעַ ya-do-āgn.

שׁ the dot showing the sh and s serves for o (ֹ) to the preceding letter, if such letter has no other vowel point.

Example.—בֹשׁוּ the dot over the שׁ serves for o as well as for sh. The dot over שׂ serves also as its own vowel, if without another vowel points, thus שׂנֵא the dot serves for o as well as for s.

Sometimes the ש has two dots, thus שׁׂ; if it has no other vowel point, the dot on the left is for the point (ֹ) and the sound is sh.

Example—שֹׁבָר sho-bar; but if it has another point, the dot on the right is the point ֹ and the sound is s; thus בֹּשֶׂם bo-sam.

Exercise.

וּבוֹ וּפִי וּמְעוּזִי כֹּחַ מֹחַ נֹחַ נֹעַ שְׁמֹעַ יְדֹעַ
שְׂמוּ שֹׁמֵר עֹשֶׂה

Silent Letters.

The letters אהוי have no sounds in the following instances—

א without a vowel point.

Example.—מְצָאתָ, שְׂנֵאתָ, פֶּלֶא, קָרָא read without sounding the א

ה without a vowel point or dot in the centre.

Example.—קוֹנֶה, שָׂדֶה, גָּלָה, עָשָׂה read without sounding the ה·

ו when used for וֹ or וּ to the preceding letter: as בָּנוּ, רוּחוֹ read without sounding the ו.

י after (ִ), (ֵ), and (ָ), and between (ָ) and ו· thus ָיו

Example.—עָרֵי, אָבִי, בָּנֶיךָ, בָּנָיו read without sounding the י·

(ַ) or (ָ) before י, thus ַי or ָי, sounds as *i*. Example—אֵלַי a-li.

וֹ before י, thus וֹי, as *oi* in *voice*. Example.—הוֹי hoi.

וּ before י, thus וּי, as *ui* in *ruin*. Example.—גָּלוּי gā-lu-i.

Exercise.

On the Silent Letters א ה ו י·

מֹרָא קָרָא פֶּלֶא יָרֵא רֹאשׁ נָא וֵאלֹהֵי רֹפֵא לֹא בָּא

בָּרָא הַבָּא שְׂנֵאתָ מָלֵא יָבֹא חָטֵא דֵּעָה נָוֶה עָשָׂה

מַה עֹשֶׂה הַטִּיבָה בָּכֹה גָּבָה סֶלָה רָעָה עֵצָה מֹשֶׁה עָלָה

שָׁנָה גָּלָה פּוֹדֶה שָׁתָה שׁוּבָה פֶּה עָשָׂה שִׁירֹה רִיבָה

מַה קוֹנֶה דוּמֶה רוּחוֹ יָדוֹ רֵעֵהוּ דָּמֵנוּ עִירוֹ לוֹ יוֹצֵא

צָרֵינוּ הָרִיעוּ הוֹצִיאוּ אוֹתָנוּ רוֹפֵא בְּנֵי אָבוֹאָה

מָעוּזִי הוֹחִילִי לָנוּ קוֹרֵא יוֹמוֹ עִבְרוּ תּוֹרָתֵנוּ עֵינֵינוּ

אִשָּׁה בָּהּ יָדָהּ בְּנֵי עֵינֵי · גּוֹי רָאוּי בָּנָיו אֵלָיו

Words containing Compound Syllables.

Observe, that if the consonant following the simple syllable be a letter the sound of which is unheard, the syllable is simple and not compound, as מָה, דֵּה.

Exercise.

הָאֵל גָּדוֹל גּוֹמֵל טֹּבִים זוֹכֵר אָבוֹת גּוֹמֵל טַעַן עוֹזֵר
מָגֵן עוֹלָם מֵתִים מוֹרִיד עָפָר בַּעַל מֵמִית קֹדֶשׁ שַׁבָּת
שֵׁשֶׁת יָמִים אֶרֶץ זֶרַע טַהֵר רָצוֹן תָּמִיד מוֹדִים כָּתוּב
שָׁלוֹם רַחֵם עֶרֶב וָעֵד אָדוֹם חָבוֹל אָמוֹן גָּדוֹל יָקוּשׁ
לָמוּד מָעוּז מָעוּף סָגוּר נָחוּשׁ עָבוּר׃

Compound Syllables continued.

A letter having two dots under it, thus (:), called sheva, is often joined to the simple syllable before it, which then becomes a compound syllable.

Example.—שִׁמְרוּ shim·ru, שִׁבְטֵי shib-ta.

A simple syllable followed by dagesh in the middle of a word also becomes a compound syllable, for the letter with dagesh must be read doubled.

Example.—הִגִּיד as הִגְ גִיד, דִּבֵּר as דִּבְ בֵּר.

Exercise.

אֶמְצָא אֶסְלַח תִּקְעוּ לִמְצֹא תַּלְמִיד אִמְרוּ
גִּבּוֹר הַטּוֹב אַתָּה לָמָּה אִתּוֹ׃

Exercise.

Words of Three Syllables.

הַתּוֹרָה כְּאָמוּר עֲינֵיכֶם עָשָׂנוּ בּוֹקֵעַ מָשְׁלָה נֹלָדִים

מִקֶּרֶב מֹאָבִים הַיָּמִים הַמַּשָּׂא שָׁמַיִם הָעֵצִים תּוֹרָתוֹ

שֶׁאָדָם יִקָּרֵא מְשׁוּרַת תִּכָּנֵס הַנָּהָר מֵאַשּׁוּר יוֹכִיחַ

יִשָּׁאֵר בָּעַמִּים יֹאחֲזוּן יִכָּרֵת מִסָּבִיב הִנָּבֵא תֵּאָסֵף

וּבָנִים בַּדֶּרֶךְ יָדֵינוּ תּוֹעֵבָה וּבָאתֶם הַנָּחָשׁ עֲינֵיכֶם

עֵירֻמִּים אַיֶּכָּה אַחְבָּא וַיֹּאמֶר אַכֶּנּוּ עָמְדִי לָדַעַת

הַחַיִּים מִקֶּדֶם אֶסְתֵּר שַׁבָּתוֹן וְכָכֶף תּוֹלַעַת כַּפֹּרֶת

פָּרֹכֶת הַמִּשְׁחָה הַסַּמִּים הַפֶּסַח הָעֹלָה וַתָּחֶל וַיָּמֹת

Before continuing the rules for reading, the following must be noticed :—

1.—That the sheva (:) is sometimes sounded as *e* in *open*, and the letter under which it is placed is read with the following syllable.

Example.—לָמְדִי lo-mĕda, and no lome-da.

2.—That a stroke, marked thus ־, called makkaph, is sometimes placed between words to join them together.

Example.—אֶת־כָּל, the two words are to be read as one.

3.—That in every word not followed by makkaph the stress of the voice must be either on the last syllable, or on the one before the last; if on the last syllable, the word is said to have the milrang accent; and if on the one before the last, it is said to have the milgnel accent.

In the bible the accent is shown by certain marks over or under the letter, as קָצִ֫ין the mark ^ shows that the syllable צִין is to be accented, and the word is milrang; but in the word בָּ֫אנוּ, the syllable אָ is to be accented, and the word is milgnel.

4.—That a stroke, thus (ı), called gangya or metheg, is generally seen with the third point before the accent, or before a sheva which is generally sounded.

Example.—אָֽנֹכִ֫י, קָֽבְרָה.

This stroke is equal to half of an accent.

EXERCISE.

עַל־פִּי אֶת־הַצֹּאן לֹא־עֵת אֶל־בְּנֵי עַד־הַבֹּקֶר עַל־רֹאשׁ

עַד־בֹּא בָּֽאָה בָּאָֽה שָֽׁבָה שָׁבָֽה קֽוּמִי קוּמִֽי

רָֽמָה רָמָֽה בִּֽינָה בִּינָֽה שֽׁוּבִי שׁוּבִֽי הֶֽעָנִי בָּֽאָרוֹן

הָֽרַבִּים הָֽרוֹעִים וָֽאֵרֵד הָֽאָדָם יֵֽלְכוּ שָֽׁמְרָה יֵֽצְאוּ

פָּֽקְדָה קָֽלְךָ עָֽמְדָה

The Sheva (:).

The sheva, as before mentioned, is sometimes sounded as *e* in *open*, and the letter under which it is placed must be read with the following syllable, as בְּנֵי bĕna, in which the בְּ is read with the נֵי; and is sometimes silent, and the letter under which it is placed must be read with the syllable before it, as אָמְרוּ ĕm-ru, in which the מְ is read with the אָ·

The following rules will point out when the sheva is sounded and when silent.

Always sounded at the beginning of a word, and silent at the end of it.

Example.—וְאֵם vĕem, מֶלֶךְ ma-lach.

Exercise.

וְעַתָּה שְׁבוּת יְשׁוּעַת מְנַת מְנוּחָה כְּבוֹד שְׁלֵמָה
וְטָהַר מְהֵרָה וְאִשֵּׁי שְׁעֵה מְקַדֵּשׁ תְּהִלָּתֶךָ גְּדוּלָה
יְשׁוּעָה בָּרֵךְ כָּרוּךְ יָרֵךְ מִמְּךָ אִתְּ וַיֵּלֶךְ בֵּרַךְ וַיִּחַדְ

In the middle of a word the sheva is sounded:—

1.—After a long vowel without an accent, in which case a metheg is generally seen before the sheva.

Example.—יִֽרְאוּ ye-rĕu.

Exercise.

In this exercise all the words have the accent on the last syllable.

עָֽמְדָה שֽׁוֹרְךָ גֵּֽוְךָ טֵֽבְעוּ אֽוֹתְךָ סֽמְכֵי יֽשְׁבֵי יֵֽלְכוּ
נֽוֹשְׁבוּ הֽוֹלְכָה נֹֽצְרִים קָצִֽירְךָ וְיֵֽדְעוּ דֹֽבְרוֹת

2.—Under a letter with dagesh.

Example.—דַּבְּרוּ dab-bĕru.

Exercise.

אִתְּכֶם מִמְּךָ הַשְּׁבִיעִי קַדְּשֵׁנִי כְּעַמְּךָ זַמְּרוּ הַבְּנוּיָה
שֶׁתְּרַחֵם לַבְּרִית לַמְּדֵנִי נַשְּׂאֵם תְּטַשְּׁנִי תִּתְּנֵנִי שִׁלְּמוּ

3.—Under the first of two of the same letters.

Example.—הִנְנִי he-nĕne.

Exercise.

קִלְלַת טַלְלֵי רִבְבוֹת וּבְבֹא צִלְלֵי וּבְבֵית

In the middle of a word the sheva is silent:—

1.—After a long vowel with an accent.

Example.—קָטֹנְתִּי ka-ton-te.

Exercise.

In this exercise all the words have the accent on the syllable before the last.

שִׁבְנָה לַכְנָה קוּמְנָה יָכֹלְתִּי חִיִּתְנִי נָצַרְתִּי אָהַבְתִּי יְהַלְתִּי

Exception.

If the accent is moved from its regular position the sheva is sounded.

Example.—רֹדְפֵי צֶדֶק; the word רֹדְפֵי should have the accent on the last syllable, but on account of the following word having the accent on the first letter, that on the פֵּי is moved to the ר to prevent the two coming together, and the word is ro-dĕ-fa, and not rod-fa.

Exercise.

In the following words, the former of the two has the accent moved from its regular position.

יֹשְׁבֵי בָהּ קֹדְחֵי אֵשׁ הָיְתָה זֹּאת יֹדְעֵי צֶדֶק

2.—In the middle of a word the sheva is silent after a short vowel.

Example.—סִפְרוּ sif-ru.

Exercise.

יַחְדָּו אֶסְלַח לַהְמֶךְ שָׁמַעְתִּי אָמַרְתָּ נִלְאֵיתִי

הַקְשִׁיב אֶבְיוֹן תִּקְעוּ מַשְׂאַת מַשְׁהִית אַרְצֶךָ

נִחַמְתִּי פָּקַדְתִּי יִרְגֹּם אֶזְרַח חֶטְאָה בִּשְׁגָגָה

Two Shevaim (:) (:).

Two shevaim cannot come at the beginning of a word; when coming in the middle, the first is silent, and the second sounded.

Example.—תִּשְׁמְרוּ tesh-mĕru, תִּלְמְדוּ tel-mĕdu.

When coming at the end both are silent.

Example.—יַפְתְּ, yāft, וַיֵּשְׁבְּ vā-yeshb.

EXERCISE.

יִדְרְשׁוּ תִּפָּקְדוּ יִשְׁמְעוּ נִשְׁלְמוּ סִפְּרְךָ חֶלְקְךָ

תִּגְמְלוּ נִמְלְכָה שָׁמַרְתְּ נֵרְדְּ קֹשְׁטְ הָלַכְתְּ

זָכַרְתְּ וַיֵּבְךְּ וַיֵּשְׁתְּ וַיֵּרְדְּ

EXERCISE.

On all the Rules of the Sheva.

Observ. 1.—That as two shevaim cannot come together at the beginning of a word, the first is changed to a vowel-point, and the second sheva is with some, read as silent; with others, as sounded.

Example.—וּשְׁמוֹר; the ו should have (:), but to prevent two shevaim coming together, it is changed to וּ, and some read u-shĕmor, others, ush-mor.

2.—That when the sheva in the middle of a word might, according to rule be sounded, as well as silent; read it as sounded.

Example.—דַּבְּרוּ dab-bĕru, according to the rule of dagesh, and not dab-ru, according to the rule of the short vowel.

דְּבַר תְּהִלַּת בְּחֶזְקַת קְרָא וְהָיָה וְשָׁבַרְתִּי

וְהִשְׁבַּתִּי מַמְלְכוֹת יִשְׂרָאֵל בְּעֵמֶק וַתְּהִי וְנִשְׁמְדָה

אִמְרוּ קַרְנוֹת הַמִּזְבֵּחַ לְעוֹלָם הַסְדּוּ וְעַמְּךָ

וַיְבָרְכוּ וַיְשַׁבְּחוּ כְּבוֹדְךָ בַּתִּשְׁבָּחוֹת הַצְלִיחָה כְּאֵשׁ
דְחִיתַנִי לִנְפּוֹל בְּרַכְנוּכֶם יְהַלְלוּךָ רְצוֹנֶךָ וְאָמַרְתָּ
תַּקְרִיבוּ וְאֵת וְנִסְכּוֹ כְּמִנְחַת וּשְׁלֹשָׁה עֶשְׂרֹנִים
לִקְהַל דְגֵנְךָ מִמְּךָ יָדַעְתָּ וּנְתָנָם שׂוֹנְאֶיךָ בָּרוּךְ
קִרְאוּ יֹאמְרוּ בִּשְׁמוֹ לָבְשָׁה מִזְרָח תַּשְׁבּוּ

Semivowels or Compound Vowels (ֲ) (ֳ) (ֱ).

There are three short vowels (ָ), (ֶ), and (ַ) sometimes joined to the sheva (ְ), thus (ֲ), (ֱ), (ֳ), called compound vowels, or semi-vowels. These points are generally placed under the gutturals ע ח ה א to strengthen their sound, and are pronounced a little quicker than when they are without the sheva.

Example.—אֱלֹהִים to be read as two syllables, alo-heem, and not three syllables a-lo-heem.

These points are sometimes seen under letters which are not gutturals, and more particularly under the first of two of the same letter.

Example.—וַזֲהַב, רִבֲבוֹת, וְנִלֲלוּ.

EXERCISE.

אֲסִירָיו אֱלֹהִים עֲנָוִים חֲפֵצִי אֲנָחָה הַחֲסִידִים
רַחֲמֶיךָ בֶּאֱמֶת עֲשֵׂה גּוֹאֲלִי רַחֲמָיו חֲלוֹמוֹת
וּמַעֲשֵׂה אֲנַחְנוּ אַחֲרִישׁ עֲדֵי אֶעֱשֶׂה לַאֲחֵרִים
הֶחֱזִיק בֵּרֲכַנִי בֵּרֲכוּ אֹרְחֶיךָ הַבְּרָכָה צַלֲלוּ
וְהֶלְיִם חֳדָשִׁים צָהֳרַיִם אָהֳלֵי פָּעֳלָם

Long and Short (ָ).

As the long and the short (ָ) have the same form, the following rules will point out the difference.

(ָ) is long, and pronounced as *a* in *far*.

1.—Under a letter with an accent, as אָבֶן, זָרַע.

2.—With or without an accent before the silent letters א ה. Example.—וּבָא, הָמָּה.

3.—Before a sheva that is sounded. Example.—עָמְדָה.

4.—Under a letter not followed by dagesh. Example.—נָתָן.

(ָ) is short, and pronounced as *o*:

1.—When without an accent it comes before a letter having dagesh, as רָנִּי.

2.—When without an accent, it comes before a silent sheva, as חָכְמַת.

3.—Before the last letter of a word without a vowel point (excepting א and ה) the accent at the same time being on the syllable before the last. Example.—וַיָּשָׁב.

4.—When followed by makkaph (excepting א and ה be before the -). Examples.—שָׁמָר־.

Exercise.

לָחֶם כָּנוּ בְּפֶרֶךְ תָּמְנוּ יָחַלְתִּי בָּטָחְנוּ קוּמָה שׁוּבָה

וּבָא וְקָרָא שָׁמְרוּ יָרְדוּ שָׁכְבוּ אָנֹכִי יָבוֹא אָמַר

לָמַד זָכַר רָנִּי רָנּוּ עָזִּי כַּסּוּ חָנֵּנוּ עָנְיִם חָקְכֶם

חָרְבוֹת אָרְחִי עָצְמִי גָּלְמִי וַיָּנָם וַיָּרָץ וַיָּשָׁב וַתָּמָת

וַתָּקָם כָּל־תַּעֲבָר־יִפְרָץ־בָּתָּם־לָחָק־שָׁמָר־וּגְדָל־

Long and Short (.) *Chirick.*

The (ִ) without י following is also sometimes long and sometimes short.

To distinguish one from the other the same rules will apply as those just given for the long and short (ֵ), *viz.* long with an accent. Example.—יוֹסִפוּ; before a sheva that is sounded, as יִשְׁמְרֵךְ; and under a letter not followed by dagesh, as הֲקִמוֹתִי; short before a silent sheva, as אִמְרוּ, and before a dagesh, as אִתְּךָ.

Exercise.

Read the following words and say whether the (.) is long or short?

יַשְׁכִּמוּ יִשְׁנוּ יִרְאוּ הִנְנִי מוֹצִאֵי הֲבִנוֹתִי שִׁמְרוּ

לִמְדוּ בִלְתִּי דִבָּה יִתְּמוּ מִיַּד:

Dagesh.

A dot in the centre of a letter, as before explained, is called dagesh.

The letters א ה ח ע ר do not admit of dagesh.. The dot seen in הּ at the end of words, is not called dagesh, but mappik.

Dagesh is of two kinds, single and double. It is single when it comes in any of the letters בּ גּ דּ כּ פּ תּ at the beginning of a word, or in the middle and end of a word after a silent sheva.

Example.—מַלְכְּךָ, לָמַדְתָּ, בָּם, the בּ תּ כּ have the single dagesh.

It is double, when it comes in any letter in the middle of a word after a vowel point.

Example.—דִּבֵּר, the dagesh in the בּ is double.

The single dagesh (as stated page 2) changes the sound of the letters בּ כּ פּ תּ, and the double dagesh, causes the letter to be sounded twice, as דִּבֵּר *dabber*. The use of the double dagesh is to supply a letter that is omitted; as אַתֶּן for אַנְתֶּן, the נ being omitted. It is however often seen after a short vowel, or a long accented vowel to give the letter a better sound.

Example.—קְטַנָּה, שַׁמָּה.

Exercise.

Read the following words, and point out what letters have the single, and what the double dagesh.

בְּקָרִים בָּרוּךְ גִּבּוֹר גּוֹאֵל דִּבֵּר דֶּשֶׁא כַּאֲמוּר פָּנִים

כְּבוֹדְךָ פָּתוּחַ תִּשְׁמַע עַבְדְּךָ אַגְבִּירָה מִסְפָּר בִּגְדֵי

הָרְפָּה מִזְבַּח כַּסְפֵּנוּ וְקִדַּשְׁתּוֹ מִנֶּגְדּוֹ שָׁמַעְתָּ מַשְׂכִּיל

תַּסְתִּירֵנִי הֶלְבָּמוֹ דַּרְכּוֹ פִּקַּדְתִּי לַמְּדוּ מַלְכֵּנוּ מִזְבְּחוֹת

דַּרְכְּךָ יִסַּדְתָּ יִשְׁכּוֹן לְעַבְדְּךָ דִּבַּרְתִּי מֵאַרְבַּע מִשְׁפְּחוֹת

הַגָּדוֹל הַגִּבּוֹר וְהַנּוֹרָא מְכַסֶּה מִקְצוֹת הַדֶּרֶךְ וּמְקַטְּרִים

הַפֹּשְׁעִים כַּקַּל מִפְּנֵי אָחִיךָ לְהַצִּילְךָ תִּסָּרֵךְ :

Should any of the letters בּ גּ דּ כּ פּ תּ, which take the single dagesh, follow a silent letter, then the dagesh is omitted: thus in the words פְּנֵי תְהוֹם, the ת beginning the word תְהוֹם should, according to the rule, take the dot, but it is omitted in consequence of the word פְּנֵי that precedes it ending in the letter י which is silent.

Exercise.

כְּאַרְיֵה בְּכְכוֹ יֶחֱזוּ פָּנֵימוֹ יִשְׂאֲגוּ כְּכְפִירִים וְלֹא פַּתְּדְתִּי

רָאִי דַּרְכֵּךְ תִּקְרְעִי בַּפּוּךְ כִּי כֹּה כִּי בָאֵשׁ כִּי בְרָכָה
וּבְבָתֵּי כְלָאִים וּבָנוּ בָתִּים וְנָטְעוּ כְרָמִים הִנְנִי בוֹרֵא
יִרְעוּ כְּאֶחָד וְנִרְאָה בְשִׂמְחַתְכֶם חִזְקוּ פְּנֵיהֶם :

Observe.—To the rule just given, there are two principal exceptions.

1.—If the letters ה ו י be sounded, or א, follow a silent sheva.

Examples.—בְּצָרָהּ תָּשִׂים, יָדָיו תְּבִיאֶנָּה, וַיַּרְא פִּינְחָס, the ת in the first example has the dagesh, because the ה having a mappik is sounded; the ת in the 2nd example has the dagesh because the ו is sounded; and the פ in the 3rd example has the dagesh because the א of the first word follows a silent sheva.

2.—If the former word is separated from the latter by a pause accent.

Example.—יָדְעוּ כָּל, the כ has the dagesh because the accent on the first word is a pause accent.

Exercise.

Say, why the latter word has the dagesh.

The accents marked on the words of this exercise are pause accents.

קָמַי תַּחְתָּי עֵינַי תָּמִיד רָאִי בַּחוּץ נְשׂוּי פֶּשַׁע
אֱלֹהָיו בְּלִבּוֹ הוֹי כָּל וַיַּרְא בָּלָק עָשׂוּ | כָּלָה לָבוֹא
בְּנִקְרוֹת וְאִשָּׁה כִּי הָיָה כְּאַחַד וְעַתָּה | פֶּן תִּגְּעוּ בוֹ :

The single dagesh after a sheva is also omitted, if the vowel before it is in the place of sheva.

Example.—בִּגְדֵי, the point under the ב should be sheva, but to prevent two shevaim coming together it is changed to (ַ), and the dagesh in the ד omitted.

The double dagesh, as well as the single dagesh, is also sometimes omitted.

Example.—יִקְחוּ for יִקְּחוּ, יִשְׂאוּ for יִשְּׂאוּ, הַיְאֹר for הַיְּאֹר.

Exercise on Words of Four and Five Syllables.

הַמִּדְבָּרָה עוֹלֹתֵיכֶם לַמִּלְחָמָה הַבְּחַנְתָּ בָּרִאשֹׁנָה

וְהִקְרַבְתֶּם וַיַּקְהֵל וּמָאתַיִם הַמַּגֵּפָה מִשְׁפָּטֶיךָ

מִמִּצְרַיִם לֵאלֹהֵיכֶם מְמַהֶרֶת לַמִּזְבֵּחַ לְעֻמָּתָם

לַחַטָּאִים וַיִּתְיַצֵּב שֶׁהִתְפַּלֵּל שֶׁשָּׁמַעְתָּ יִקְרָאֻהוּ מִצְוֹתֶיךָ

וְהִנְחִילָנוּ בִּישׁוּעָתֶךָ וְלִתְפִלָּתָם תְּהִלָּתֶךָ מוֹשְׁבוֹתֵיהֶם

תַּלְמִידֵיהֶם מֵעֲלִיּוֹתָיו אֲרוֹמִמְךָ יְרוּשָׁלַיִם שׁוֹמְמוֹתֵינוּ

נְפוּצוֹתֵינוּ וְלָאַלְמָנָה וּמִשְׁאַרְתֶּךָ וּלְשַׁלְמֵיכֶם בְּמוֹשְׁבוֹתָם

וְרוֹמַמְתָּנוּ וְקֵרַבְתָּנוּ וַתּוֹדִיעֵנוּ וְשִׂפְתוֹתֵינוּ :

Position of the Accent.

The following general rules will, in most cases, show the position of the accent.

Words have the accent on the last syllable, milrang :

1.—When ending in a letter that is sounded with a long vowel before it.

Example :—בָּרוּךְ, עָתִיד.

Exercise.

יָשָׁר גֹּאֵל רָשָׁע כְּסוּתָהּ אִשָּׁהּ דְּבָרָיו עֵינָיו הָאֵזוֹב

2.—When ending in a letter that is sounded with a short vowel before it, if such short vowel come either under a dageshed letter or after a sheva. Example :—וָאֶקַּח, נִקְמַת·

EXERCISE.

דִּבֵּר וְאַתֶּם תִּתֵּן סֶכֶּת וְכִבֵּר מַטַּע נִשְׁמַת בְּעֵצַת

צִדְקַת יִקְרַב תִּשְׁמַע יִרְאַת׃

3.—When ending in a silent letter (not preceded by (ָ ֵ), as הַיְשָׁא), either belonging to the word or immediately joined to it.

Examples :—

עָשָׂה גָּלָה דְּבָרוֹ מָצָא קָרָא צִנָּה רוּחִי

Note.—When ה added has no signification, or when it denotes the preposition *to*, the accent is milgnel and not milrang: as לַיִל or לַיְלָה *night*, אֶרֶץ *earth*, אַרְצָה *to the earth.*

EXERCISE.

שָׁמְרוּ עֵינַי מִלְּפָנַי שִׂמְחָה נָשָׂא הַשָּׂדֶה הָרְכוּ

4.—When having the following syllables added at the end.

הֵם הֵן כֶם כֶן תֶּם תֶּן

Examples :—

דִּבְרֵיהֶם אַחֲרֵיהֶן עִירְכֶם לְמַרְתֶּם שְׁמַעְתֶּן

EXERCISE.

שְׁנֵיהֶם שִׁירֵיכֶם עֵינֵיכֶם אֲבִיכֶן אֱלֹהֵיהֶן מַרְאֵיהֶן

זְכַרְתֶּם בְּקַשְׁתֶּם יְדַעְתֶּם

5.—When having ךְ added at the end with (:) before it.

Example :—דְּבָרְךְ·

EXERCISE.

רְאוּתְךְ דַּעְתְּךְ קְצִירְךְ אַרְצְךְ וּבִנְךְ מִצְוָךְ

Words have the Accent on the Syllable before the last, Milgnel.

1.—When ending in a letter that is sounded, after a short vowel, if such vowel does not come either under a letter with dagesh or after a sheva.

Examples.—וַתֹּאמַר, בֹּקֶר, אֶרֶץ.

EXERCISE.

וַתַּעַשׂ שַׁעַר נַעַר הַשֶּׁמֶשׁ וְהַמֶּלֶךְ יֶלֶד בֶּגֶר כֶּשֶׁת
גְּבֶרֶת קֹדֶשׁ מִרְקַחַת

2.—When having the following syllables added at the end,

נִי נוּ נָה הוּ הָ מוֹ

and ךָ after a vowel point.

Examples—

פְּקָדַנִי לִמַּדְנוּ שְׁמַעְנָה קְבָרֻהוּ בָּנֶיהָ פָּנֵימוֹ עֵירֶךָ

EXERCISE.

זְכָרַנִי שְׁמָעֵנִי דִּבַּרְנוּ מְצָאנוּ לְמֹרְנָה תִּקַּחְנָה שְׁמָרוּהוּ
הַלְלוּהוּ בְּנוֹתֶיהָ עֵינֶיהָ תְּבִיאֵמוֹ יֹאחֲזֵמוֹ בָּנֶיךָ כָּמוֹךָ

The Accent moved from its Position.

When the former of two words has the accent milrang, and the latter on the first letter, that on the former is moved to prevent two accents coming together, as רֹדְפֵי צֶדֶק. (See page 14.)

Exercise.

וְהָיָה לִי הֵיכְלֵי שֵׁן עֲשִׁירֵי עַם עָשָׂה לָנוּ בְּהֵיכַל
מֶלֶךְ וְטוּבֵי לֵב וְקָרָא לָךְ׃

Words not read as they are written.

Two yods pointed thus יְיָ, or יהוה pointed thus יְהֹוָה, is read אֲדֹנָי. יהוה pointed thus יֱהֹוִה, is read ·אֱלֹהִים· הִוא is read as ·הִיא·

Exercise.

בָּרוּךְ יְיָ אָמַר יְהֹוָה צְבָאוֹת אֲדֹנָי יֱהֹוִה יָפָה הִוא
אֲחוֹתִי הִיא׃

Division of the Letters.

Words in their simple form consist of three letters, called radical letters or the root.

Letters added to the root are called prefixes and affixes; prefixes at the beginning, and affixes at the end.

Example:—

לָמְדוּ אֶלְמוֹד

למד are radicals, the א is a prefix, and the ו an affix.

The following eleven letters are used as prefixes and affixes:—

א ב ה ו י כ ל מ נ ש ת

Four of these (אבלש) are prefixes; the others may be either prefixes or affixes. These eleven letters may also be radicals.

Roots:—

פָּקַד שָׁמַר זָכַר

Say what letters in the following words are radicals, what prefixes and what affixes?

פְּקֻדוּ נִשְׁמַר יִזְכֹּר תִּפְקְדוּ וּשְׁמַרְתֶּם תִּזְכֹּרְנָה

פְּקֻדִים תִּשְׁמוֹר אֶזְכֹּר פִּקָּדוֹן זִכָּרוֹן׃

INTRODUCTION TO TRANSLATION.

Remarks and Exercises on each of the Parts of Speech.

THE ARTICLE.

The indefinite article *a* or *an* is understood, as סֵפֶר *a book*, נֶשֶׁר *an eagle.*

The definite article is expressed by the following prefix to the noun.

הַ followed by dagesh; הָ or הֶ before אהחער.

Example.—מֶלֶךְ *king,* הַמֶּלֶךְ *the king;* הַר *mountain,* הָהָר *the mountain;* עָנָן *cloud,* הֶעָנָן *the cloud.*

Exercise.

Translate the following words:—

הַיּוֹם	הַמִּזְבֵּחַ	הַקּוֹל	הַכֹּהֵן
day	altar	voice	priest

Prefix the article to the following words:—

דָּבָר	־אִישׁ	־אֶבֶן	לַיְלָה	לֵב	נֵר
word	man	stone	night	heart	lamp

חָכָם־   חָצֵר־   סֵפֶר

THE NOUN.

Nouns have gender, number, and case.

Gender.

There are two genders, masculine and feminine. The noun is masculine without the following affixes, and feminine with them.

ָה ֶת ִית וּת

Examples of feminine nouns :—תִּפְאֶרֶת *glory*, חָכְמָה *wisdom*, יַלְדוּת *youth*, תַּכְלִית *end*.

Exercise.

Say if the following nouns are masculine or feminine?

עֲטֶרֶת	בִּינָה	בַּיִת	בּוּשָׁה	בּוֹר	בֹּקֶר
crown	understanding	house	shame	pit	morning
מַלְכוּת	חֵלֶב	בְּרִית	חָלָב	רֵאשִׁית	דֶּלֶת
kingdom	fat	covenant	milk	beginning	door

The following names are in the masculine gender, with or without the affix.

Names only applied to males, as אָב *father*, נָשִׂיא *prince*.

Names of nations, as יִשְׂרָאֵל *Israel.*

Names of rivers, as יַרְדֵּן *Jordan.*

Names of mountains, as חֶרְמוֹן *Hermon.*

Names of metals, as זָהָב *gold.*

The following names are in the feminine gender with or without the affix :—

Names only applied to females, as אֵם *mother.*

Names of countries and cities, as אַשּׁוּר *Assyria*, חֶבְרוֹן *Hebron.*

Names of the double members of the body, as אֹזֶן *ear*, עַיִן *eye.*

Give the gender of the following :—

נְחֹשֶׁת	יַד	סִינַי	יְרוּשָׁלַיִם	מֶלֶךְ
copper	hand	Sinai	Jerusalem	king
רֶגֶל	יְהוּדָה	חִדֶּקֶל	כֹּהֵן	אֵם
foot	Judah	Hedekel*	priest	mother

Number.

There are three numbers ; singular, plural, and dual.

Dual is used in nouns that express anything double, as *hands, feet.*

The singular has no affixes ; the plural has ־ִים if the noun is masculine ; וֹת or ֹת if the noun is feminine.

Example.—דָּבָר *word*, singular ; דְּבָרִים *words*, plural ; אֵם *mother*, singular ; אִמּוֹת *mothers*, plural.

The dual has ־ַיִם whether the noun is masculine or feminine.

Example.— שָׂפָה *lip*, שְׂפָתַיִם *lips*, dual ; יוֹם *day*, יוֹמַיִם *two days*, dual.

EXERCISE.

Say whether the following nouns are in the singular, dual, or plural number, and if masculine or feminine ?

שְׁנָתַיִם	טַבָּעוֹת	עָרִים	אָזְנַיִם	כְּלִי
two years	rings	cities	ears	vessel
	יַמִּים	חֹמוֹת	דֶּרֶךְ	שֻׁלְחָן
	seas	walls	way	table

EXERCISE.

Affix the plural number to the following words :—

Note.—In the exercises, letters in parenthesis denote the change of points before putting the affix.

* Name of a river.

תּוֹרָה	סֵפֶר (סְפָ)	בֶּגֶד (בְּגָ)	דָּבָר (דְּבָ)
law	book	garment	word
נַעֲרָה (נְעָ)	נַעַר (נְעָ)	רֹאשׁ (רָא)	עוֹלָה
girl	boy	head	burnt-offering

Observe.—In the above words ending in ָה the ָה must be dropped before the plural is formed.

Affix the dual to the following nouns.

Note.—The points are changed before putting the affix, as seen below the English word.

דֶּלֶת	נַעַל	כַּף	בֶּרֶךְ	יָרֵךְ
door	shoe	hand	knee	thigh
דְּלָת	נַעֲל	כַּפּ	בִּרְכ	יְרֵכ

Some nouns are found only in the singular as קַיִץ *summer*, זָהָב *gold*; others only in the plural as נְעוּרִים *youth*; others only in the dual as מַיִם *water*.

Case.

Case is not made by any change in the noun, but is expressed by certain words before the noun, or letters prefixed to it.

There are five cases: nominative, genitive, dative, accusative, and ablative.

The nominative has no sign.

The genitive is equivalent to the possessive, known by שֶׁל *of*.

The dative is known by אֶל *to*, or ל *to* or *for*.

The accusative is the objective after the verb, and known by אֵת.

The ablative is known by מִן or מִ *from*, and by ב *in*, *with*, *by*.

Example :—

Nom. מֶלֶךְ a king

Gen. שֶׁל מֶלֶךְ of a king

Dat. לְמֶלֶךְ to *or* for a king; אֶל מֶלֶךְ to a king.

Acc. אֶת מֶלֶךְ a king

Abl. מִמֶּלֶךְ, מִן מֶלֶךְ from a king; בְּמֶלֶךְ in, by, a king.

Observe.—The nominative when used for calling or speaking to, has sometimes the same prefix as the article (הַ), and is then called the vocative, as הַדּוֹר *O generation.*

The signs of the cases are often omitted.

EXERCISE.

Put the following words in all their cases :—

נָבִיא	שֹׁפֵט	עֶבֶד
a prophet	a judge	a servant

Say in what cases are the nouns of the following sentences—

מִבֵּיתוֹ	הָלַךְ	לָעִיר	בָּא	הָאִישׁ
from his house.	He went	to the city.	came	The man
אֶת הָעֶבֶד	רָאָה	הַמָּקוֹם	אֶל	שָׁלַח
the servant.	He saw	the place.	to	He sent
אֶת דִּבְרֵי	שָׁמַע	שִׁמְעוּ		הַחֵרְשִׁים
the words of	He heard	hear.		Ye deaf ones
	בְּאֶבֶן	הִכָּהוּ	אָבִיו	
	with a stone.	He struck him	his father.	

Absolute and Constructive Form of the Noun.

A noun coming by itself and not depending upon another noun, is said to be in the absolute form. A noun joined to another, and depending upon it, is said to be in the constructive, as דָּבָר *word,* absolute, דְּבַר הַמֶּלֶךְ *the word of the king* ; דְּבַר is in the constructive form

The constructive form is known in the following manner:

Nouns of the singular number not ending in הָ or תֶ, generally change one or two of their points for the constructive form, as בַּיִת *a house,* בֵּית הָאִישׁ *the house of the man.*

Nouns ending in הָ, generally change ה into ת and ָ into ַ, as סֻכָּה *a shelter,* סֻכַּת שָׁלוֹם *a shelter of peace.* Those ending in תֶ have no change, as, מַמְלֶכֶת *a kingdom,* מַמְלֶכֶת כֹּהֲנִים *a kingdom of priests.*

Nouns in the plural masculine or dual, drop the ם and have ֵ, before the י, as בָּנִים *sons,* בְּנֵי יִשְׂרָאֵל *sons of Israel,* יָדַיִם *hands,* יְדֵי אָדָם *the hands of man.*

Nouns in the feminine plural ending in וֹת, have generally no change; as חוֹמוֹת *walls,* חוֹמוֹת הָעִיר *the walls of the city.*

The noun in the constructive form does not take the article, as "The son of man" is rendered by בֶּן אָדָם, and not by הַבֶּן אָדָם.

Exercise.

Translate the following nouns:

רֵאשִׁית	אֶרֶץ	שֹׁפְטֵי	הָעָם	רָאשֵׁי	
beginning	earth;	judge	people;	head	
אָדָם	תוֹלְדוֹת	הַמֶּלֶךְ	דֶּרֶךְ	גּוֹיִם	
man;	generations	king;	way	nations;	
אֲבוֹתֵינוּ	עֶזְרַת	חַיִל	אַנְשֵׁי	חַיֵּינוּ	יְמֵי
our fathers;	help	valour;	man	our life;	day

Exercise.

Put the first line of nouns in the constructive singular, and the second in the constructive plural.

צָרָה רִנָּה בְּרָכָה (בִּרְ) יְשׁוּעָה הֲדָרָה (הַדְ)

beauty salvation blessing joy trouble

בֵּן (בְּ) עֶבֶד (עַבְ) אֹזֶן (אָזְ) עַיִן (עֵי) יָד (יְ)

hand eye ear servant son

ADJECTIVES.

Adjectives are generally placed after the noun, as דָּבָר רָע *a bad thing*. They agree with the noun in having the article prefixed and in gender and number, as הָאֶבֶן הַגְּדוֹלָה *the great stone*, אֲנָשִׁים טוֹבִים *good men*, נָשִׁים טוֹבוֹת *good women*.

The gender and number of adjectives are known by the same affixes as the noun, namely, ָה for the feminine singular, ִים for the plural masculine, and וֹת for the plural feminine.

Exercise.

Affix to the following adjectives the feminine singular and the masculine and feminine plural.

טוֹב רַע (רָ) גָּדוֹל (גְּ) קָטָן (קְטַ)

small great evil good

Put the following adjectives in their proper form to agree with the noun.

נְעָרִים רַע אֲנָשִׁים צַדִּיק גּוֹיִם גָּדוֹל (גְּ)

great; nations just; men evil; boys

הַמַּסּוֹת גָּדוֹל (גְּ) הֶהָרִים רָם פָּרוֹת דַּל

poor; kine high; the mountains the trials

Degrees of Comparison.

Degrees of comparison are formed by prefixes to the word following the adjective. מ for the comparative, and ב for superlative: as positive צָעִיר *young*; comparative צָעִיר מִמֶּנִּי *younger than I am*; superlative הַצָּעִיר בַּבַּיִת *the youngest of the house.*

Exercise.

Translate the following words :—

בְּכֹל	הַקָּטֹן	מִזָּהָב		נֶחְמָד	מִדְּבַשׁ	מָתוֹק
all ;	little	gold ;		desirable	honey ;	Sweet
עָרוּם	בַּנָּשִׁים		הַיָּפָה		מֵאֲרִי	עַז
cunning	women ;		fair		lion ;	strong ;
מֵהֶם	וָרָב	עָצוּם		מִמֶּנּוּ	טוֹב	מִכֹּל
they.	and great	strong		he ;	good ;	

Numbers.

Numbers are of two kinds, cardinal and ordinal; cardinal, as one, two, three; ordinal, as first, second, third. Numbers are expressed by words or letters, אֶחָד *one,* א *one.* Cardinal numbers from *one* to *ten* have gender. The masculine have the affix ־ָה, and the feminine have no affix. *One, two,* and *eight* are exceptions. *One* in the mascline is אֶחָד, and in the feminine אַחַת; *two* in the masculine is שְׁנַיִם, and in the feminine שְׁתַּיִם; *eight* in the masculine is שְׁמוֹנָה, and in the feminine שְׁמוֹנֶה. These numbers have two forms, one called the absolute, as שְׁלשָׁה *three,* and the other the constructive, as שְׁלשֶׁת *three.*

Cardinal Numbers from one till ten in the Absolute Form.

Feminine.		Masculine.	
אַחַת	One - - -	אֶחָד	א
שְׁתַּיִם	Two - - -	שְׁנַיִם	ב׳
שָׁלֹשׁ	Three - -	שְׁלֹשָׁה	ג׳
אַרְבַּע	Four - -	אַרְבָּעָה	ד׳
חָמֵשׁ	Five - - -	חֲמִשָּׁה	ה׳
שֵׁשׁ	Six - - -	שִׁשָּׁה	ו׳
שֶׁבַע	Seven - -	שִׁבְעָה	ז׳
שְׁמֹנֶה	Eight - -	שְׁמוֹנָה	ח׳
תֵּשַׁע	Nine - -	תִּשְׁעָה	ט׳
עֶשֶׂר	Ten - - -	עֲשָׂרָה	י׳

Numbers from one till ten in the Constructive Form.

Feminine.		Masculine.
אַחַת	One - - -	אַחַד
שְׁתֵּי	Two - - -	שְׁנֵי
שְׁלֹשׁ	Three - -	שְׁלֹשֶׁת
אַרְבַּע	Four - -	אַרְבַּעַת
חֲמֵשׁ	Five - - -	חֲמֵשֶׁת
שֵׁשׁ	Six - - -	שֵׁשֶׁת
שְׁבַע	Seven - -	שִׁבְעַת
שְׁמוֹנֶה	Eight - -	שְׁמוֹנַת
תְּשַׁע	Nine - -	תִּשְׁעַת
עֶשֶׂר	Ten - - -	עֲשֶׂרֶת

The numbers from 11 to 19 are formed by placing the unit before the word *ten*, without the conjunction ו: as שְׁלֹשָׁה *three*, עָשָׂר *ten*, שְׁלֹשָׁה עָשָׂר *thirteen.*

For masculine, the masculine units of the absolute form are placed before the word עָשָׂר; and for feminine, the feminine units mostly of the constructive form are placed before the word עֶשְׂרֵה: as חֲמִשָּׁה עָשָׂר אֲנָשִׁים *fifteen men*, חֲמֵשׁ עֶשְׂרֵה נָשִׁים *fifteen women.*

Cardinal Numbers from eleven to nineteen.

Feminine.		Masculine.	
אַחַת עֶשְׂרֵה עַשְׁתֵּי עֶשְׂרֵה	Eleven - -	אַחַד עָשָׂר עַשְׁתֵּי עָשָׂר	י״א
שְׁתֵּים עֶשְׂרֵה שְׁתֵּי עֶשְׂרֵה	Twelve - -	שְׁנֵים עָשָׂר שְׁנֵי עָשָׂר	י״ב
שְׁלֹשׁ עֶשְׂרֵה	Thirteen -	שְׁלֹשָׁה עָשָׂר	י״ג
אַרְבַּע עֶשְׂרֵה	Fourteen -	אַרְבָּעָה עָשָׂר	י״ד
חֲמֵשׁ עֶשְׂרֵה	Fifteen - -	חֲמִשָּׁה עָשָׂר	טו
שֵׁשׁ עֶשְׂרֵה	Sixteen - -	שִׁשָּׁה עָשָׂר	טז
שְׁבַע עֶשְׂרֵה	Seventeen -	שִׁבְעָה עָשָׂר	י״ז
שְׁמוֹנֶה עֶשְׂרֵה	Eighteen -	שְׁמֹנָה עָשָׂר	י״ח
תְּשַׁע עֶשְׂרֵה	Nineteen -	תִּשְׁעָה עָשָׂר	י״ט

The numbers from 20 to 90 are formed thus: *twenty*, by affixing ־ִים to the word עֶשֶׂר *ten*, thus עֶשְׂרִים *twenty;* the other tens by affixing ־ִים to the units, thus שָׁלֹשׁ *three*, שְׁלֹשִׁים *thirty;* the same form is used for masculine and feminine. When the units are joined with the tens, the unit is sometimes placed before and sometimes after the ten: as שְׁנַיִם וּשְׁלֹשִׁים *thirty-two,* חֲמִשִּׁים וּשְׁנַיִם *fifty-two.*

Cardinal Numbers from twenty to ninety.

Twenty - - -	עֶשְׂרִים	כ׳
Twenty-one - -	אֶחָד וְעֶשְׂרִים	כ׳א
Twenty-two - -	שְׁנַיִם וְעֶשְׂרִים	כ׳ב
Twenty-three -	שְׁלֹשָׁה וְעֶשְׂרִים	כ׳ג
Twenty-four, &c.	אַרְבָּעָה וְעֶשְׂרִים	כ׳ד
Thirty - - - -	שְׁלֹשִׁים	ל׳
Thirty-one, &c. -	אֶחָד וּשְׁלֹשִׁים	ל׳א
Forty - - - -	אַרְבָּעִים	מ׳
Fifty - - - -	חֲמִשִּׁים	נ׳
Sixty - - - -	שִׁשִּׁים	ס׳
Seventy - - -	שִׁבְעִים	ע׳
Eighty - - - -	שְׁמֹנִים	פ׳
Ninety - - - -	תִּשְׁעִים	צ׳

The numbers 100 and upwards are expressed as follows: *one hundred,* מֵאָה or מְאַת (constructive form); *two hundred* by מָאתַיִם which is the dual form of מֵאָה; and the others by placing the feminine unit before מֵאוֹת which is the plural form of מֵאָה: as שְׁלֹשׁ מֵאוֹת *three hundred*; *one thousand* is expressed by אֶלֶף; *two thousands* by אַלְפַּיִם which is the dual form of אֶלֶף; the others by placing the masculine unit constructive before אֲלָפִים the plural of אֶלֶף as שְׁלֹשֶׁת אֲלָפִים *three thousand. Ten thousand* is expressed by רִבּוֹא or רְבָבָה, and *twenty thousands* by רִבּוֹתַיִם the dual of רִבּוֹא.

Cardinal Numbers from one hundred and upwards.

One hundred - -	מֵאָה	ק׳
Two hundred - -	מָאתַיִם	ר׳
Three hundred -	שְׁלֹשׁ מֵאוֹת	ש׳
Four hundred -	אַרְבַּע מֵאוֹת	ת׳
Five hundred -	חֲמֵשׁ מֵאוֹת	ך׳
Six hundred - -	שֵׁשׁ מֵאוֹת	ם׳
Seven hundred -	שְׁבַע מֵאוֹת	ן׳
Eight hundred -	שְׁמֹנֶה מֵאוֹת	ף׳
Nine hundred -	תְּשַׁע מֵאוֹת	ץ׳
One thousand -	אֶלֶף	
Two thousand -	אַלְפַּיִם	
Three thousand -	שְׁלֹשֶׁת אֲלָפִים	
Four thousand -	אַרְבַּעַת אֲלָפִים	
Five thousand -	חֲמֵשֶׁת אֲלָפִים	
Ten thousand	רִבּוֹא or עֲשֶׂרֶת אֲלָפִים	
Twenty thousand	רִבּוֹתַיִם	

Ordinal Numbers.

The ordinal numbers from *one* to *ten* have gender, which is thus formed : רִאשׁוֹן *first*, has the regular affix in רִאשׁוֹנָה feminine, the others have ׳ affixed for the masculine and ־ִית for the feminine: as רְבִיעִי *fourth*, m., רְבִיעִית *fourth*, f.; a few of the ordinals have two affixes for the feminine ִיָּה and ִית as שְׁנִיָּה, שֵׁנִית *second*; some also are found with a masculine and feminine plural affix, as שְׁנִיִּים and שְׁנִיּוֹת.

	Feminine.	Masculine.
First - - - -	רִאשׁוֹנָה	רִאשׁוֹן
Second שְׁנִיָּה and	שֵׁנִית	שֵׁנִי
Third שְׁלִישִׁיָּה and	שְׁלִישִׁית	שְׁלִישִׁי
Fourth - - - -	רְבִיעִית	רְבִיעִי
Fifth - - - -	חֲמִישִׁית	חֲמִישִׁי
Sixth - - - -	שִׁשִּׁית	שִׁשִּׁי
Seventh - - -	שְׁבִיעִית	שְׁבִיעִי
Eighth - - - -	שְׁמִינִית	שְׁמִינִי
Ninth - - - -	תְּשִׁיעִית	תְּשִׁיעִי
Tenth - - - -	עֲשִׂירִית	עֲשִׂירִי

Ordinal numbers above *ten* are expressed by cardinals coming after the noun, as יוֹם הָעֶשְׂרִים *the twentieth day*. The ordinals from *one* to *ten* are also sometimes expressed by cardinals, as בִּשְׁנַת שָׁלֹשׁ *in the third year*; שָׁלֹשׁ being used instead of שְׁלִישִׁית.

Ordinal numbers of the feminine gender express fractions, except *one half*, which is rendered by חֲצִי or מַחֲצִית: as שְׁלִישִׁית *third*, רְבִיעִית *fourth*; the difference being that when used as fractions, they are placed before the noun, and when used as ordinals, after the noun: as שָׁנָה הָרְבִיעִית *the fourth year*, רְבִיעִית הַשָּׁנָה *the fourth part of a year*.

Exercise on the Numbers from ONE *to* TEN.

Translate the following numbers, and say whether they are in the absolute or constructive form, and whether masculine or feminine?

שְׁנַיִם אַרְבָּעָה שִׁבְעַת שְׁנֵי עֶשֶׂר שֵׁשֶׁת שְׁתֵּי עֲשֶׂרֶת
שְׁמוֹנֶה

Translate the following words:

יוֹם אֶחָד · שֶׁבַע שָׁנִים · שְׁנַיִם אֲנָשִׁים · חֲמִשָּׁה סְפָרִים
book man year day

שִׁבְעַת יָמִים · שְׁלשָׁה דְבָרִים · שְׁתֵּי צִפֳּרִים · שְׁנֵי כְבָשִׂים
lamb bird thing day

שָׁלשׁ רְגָלִים · אַרְבָּעָה אֲנָשִׁים · פָּרִים שְׁמוֹנָה · אֵילִים
ram bull festival.

שְׁנַיִם · שִׁבְעָה חֲלָקִים · שִׁשָּׁה פְּעָמִים · חָמֵשׁ שָׁנִים :
time part

Exercise on the Numbers from ELEVEN *to* TWENTY.

Translate the following, and say if masculine or feminine?

אַחַד עָשָׂר · עַשְׁתֵּי עָשָׂר · שְׁתֵּים עֶשְׂרֵה · חֲמִשָּׁה עָשָׂר ·
שְׁבַע עֶשְׂרֵה · שְׁלשָׁה עָשָׂר · שְׁמֹנָה עָשָׂר · שֵׁשׁ עֶשְׂרֵה ·
חֲמֵשׁ עֶשְׂרֵה · שִׁבְעָה עָשָׂר :

Translate the following words:

אַחַד עָשָׂר יוֹם · שְׁתֵּים עֶשְׂרֵה כַּפּוֹת · אֵילִים שְׁנַיִם
spoon

AND READING BOOK. 39

עָשָׂר · שְׁלֹשָׁה עָשָׂר פָּרִים · שְׁנֵי עָשָׂר בָּקָר · חֲמֵשׁ

oxen

עֶשְׂרֵה אַמָּה · עַשְׁתֵּי עֶשְׂרֵה יְרִיעוֹת · שִׁשָּׁה עָשָׂר אֲדָנִים ·

socket curtain cubits

Exercise on the Numbers from TWENTY *to* ONE HUNDRED.

Give the numbers for the following words :—

שְׁלֹשִׁים · אַרְבָּעִים · שְׁנַיִם וְעֶשְׂרִים · אַרְבָּעִים וּשְׁתַּיִם ·

תִּשְׁעִים · שְׁמֹנִים · אֶחָד וְשִׁבְעִים · שִׁבְעָה וַחֲמִשִּׁים ·

אַרְבָּעָה וְשִׁבְעִים · שִׁשִּׁים ·

Translate the following words :—

תֵּשַׁע וְעֶשְׂרִים כִּכָּר · לֻלָאוֹת חֲמִשִּׁים · עֶשְׂרִים קְרָשִׁים ·

board loops talent

אַרְבָּעִים וּשְׁמוֹנֶה עִיר · חָמֵשׁ וּשְׁמֹנִים שָׁנָה · שִׁשִּׁים

year city

עִיר · שִׁבְעִים מְלָכִים :

king

Exercise on the Numbers from ONE HUNDRED *and upwards.*

שְׁלֹשׁ מֵאוֹת · חָמֵשׁ מֵאוֹת · אֶלֶף · שֵׁשֶׁת אֲלָפִים ·

מָאתַיִם · עֲשֶׂרֶת אֲלָפִים · אַלְפַּיִם · מְאַת אֶלֶף · אַרְבָּעִים

אֶלֶף · אֶחָד וַחֲמִשִּׁים אֶלֶף · רִבֹּתַיִם · תְּשַׁע מֵאוֹת ·

שְׁמֹנִים אֶלֶף :

Translate the following words :—

שְׁמוֹנֶה מֵאוֹת שָׁנָה · אַלְפַּיִם וְאַרְבַּע מֵאוֹת שֶׁקֶל ·

shekel

חֲמֵשֶׁת אֲלָפִים אִישׁ · אַרְבָּעָה עָשָׂר אֶלֶף אִישׁ ·

אַרְבָּעָה עָשָׂר אֶלֶף צֹאן · שִׁבְעַת אֲלָפִים פָּרָשִׁים ·

horsemen sheep

כְּפוֹרֵי כֶסֶף אַרְבַּע מֵאוֹת וַעֲשָׂרָה :

silver basins of

Exercise on the Ordinal Numbers.

Give the ordinal numbers for the following words, and say if masculine or feminine?

שֵׁנִית · שְׁלִישִׁי · עֲשִׂירִי · רְבִיעִי · שְׁלִישִׁית · שְׁבִיעִי ·

עֲשִׂירִית : שֵׁנִי · שְׁמִינִית · חֲמִישִׁית ·

Translate the following :—

הַחֹדֶשׁ הָרִאשׁוֹן · יוֹם הָרְבִיעִי · בֵּן שִׁשִּׁי · סֵפֶר חֲמִישִׁי ·

month

הַשָּׁנָה הַשְּׁבִיעִית · הַכֶּבֶשׂ הַשֵּׁנִי · הַיְרִיעָה הַשִּׁשִּׁית ·

הַחֹבֶרֶת הַשֵּׁנִית · שְׁלִישִׁית הַהִין · רְבִיעִית הַשָּׁנָה ·

a hin joining

עֲשִׂירִית הָאֵיפָה :

an ephah

Express the following numbers in Hebrew. Those from 1 to 10 give in both forms and in both genders: thus 3, שָׁלֹשׁ, שְׁלֹשָׁה

absolute form masculine and feminine; שְׁלֹשׁ, שְׁלֹשֶׁת constructive masculine and feminine.

Those numbers, from 11 to 19, give in both genders: thus 15, חֲמִשָּׁה עָשָׂר, masculine; חֲמֵשׁ עֶשְׂרֵה feminine. Units added to twenty, and to the other tens, give in two forms; one by placing the unit before the ten, and the other by placing the *ten* before the unit: thus, 32, שְׁנַיִם וּשְׁלֹשִׁים or שְׁלֹשִׁים וּשְׁנַיִם.

Note.—Two or more numbers above 19 connected together, have generally ו affixed to each one following the first. (ו expresses the conjunction *and*, and is pointed in the following manner:—וְ generally, וּ before a sheva or before the letters ב מ ף, וַ before (-:) וֶ before (::), and וָ before (т:) :) as 20, עֶשְׂרִים, 27 שֶׁבַע וְעֶשְׂרִים 127 מֵאָה וְעֶשְׂרִים וְשֶׁבַע.

2, 4, 10, 15, 11, 12, 17, 18, 16, 20, 26, 24, 30, 40, 90, 60, 100, 50, 150, 105, 156, 35, 170, 180, 162, 200, 1098, 1004, 396, 478, 763, 298, 400, 700, 900, 2000, 1364, 3692, 4000, 864, 365.

Express the following by letters:

2, 6, 4, 10, 19, 16, 18, 17, 13, 12, 24, 26, 32, 39, 45, 53, 124, 163, 342, 168, 118, 115, 296.

Translate the following ordinal and fractional numbers:—

2nd, 3rd, 4th, 6th, 8th, 9th, 10th, 15th, one half, one third, one fifth, one fourth, one eighth, 19th, 12th.

PRONOUNS.

There are five kinds of pronouns, personal, relative, possessive, demonstrative, and interrogative.

Personal Pronouns.

Personal pronouns, like nouns, have gender, number, and case. They have two genders, masculine and feminine, applied only to the second and third persons. Two numbers, singular and plural. Five cases, nominative, genitive, dative, accusative, and ablative.

The Nominative Case.

The nominative case is expressed by separate words, or by prefixes and affixes to a verb. If in the past tense, or in the imperative mood, by affixes. If in the future, partly by prefixes alone, and partly by prefixes and affixes.

The nominative case by separate words :—

1.s.c.	אֲנִי	I
	אָנֹכִי	I
2.s.m.	אַתָּה	thou
2.s.f.	אַתְּ	thou, *f.*
3.s.m	הוּא	he *or* it,
3.s.f.	הִיא	she *or* it,
	אֲנַחְנוּ or נַחְנוּ	we
1.pl.	אָנוּ	we
2.pl.m.	אַתֶּם	ye *or* you
2.pl.f.	אַתֶּן or אַתֵּנָה	ye *or* you
3.pl.m.	הֵם or הֵמָּה	they
3.pl.f.	הֵן or הֵנָּה	they

Exercise.

Note.—Use the present tense of the verb *to be* after the pronoun when necessary.—Example: אַתָּה *thou,* קָדוֹשׁ *holy* ; אַתָּה קָדוֹשׁ *thou art holy.*

אֲנִי זוֹכֵר · טוֹבוֹת הֵנָּה · הֵמָּה רָאוּ · יָפָה הִיא ·

remember, good saw, beautiful,

אַתָּה גִּבּוֹר · שְׁלֵמִים הֵם · הִיא מְדַבֶּרֶת · כֵּנִים אֲנַחְנוּ ·

mighty, peaceable, speaking, true

בָּרוּךְ הוּא · נַחְנוּ נַעֲבוֹר · אַתְּ שֹׁאֶלֶת · עֵדִים אַתֶּם ·

witnesses asking, will pass blessed

אַתֵּן יְדַעְתֶּן ׃

know.

I hear.	You (*m.*) are righteous.	They (*m.*) wise.	She
שֹׁמֵעַ	צַדִּיקִים	חֲכָמִים	
is bad.	They (*f.*) give.	You (*m.*) do.	We are young.
רָעָה	נוֹתְנוֹת	עוֹשִׂים	צְעִירִים
Thou (*m.*) art little.	Thou (*f.*) goest.	He visits.	It (*m.*)
קָטֹן	הֹלֶכֶת	פּוֹקֵד	
is long.	It (*f.*) is large.		
אָרוּךְ	גְּדוֹלָה		

The nominative case as expressed by affixes to the past tense of a verb :—

תֶּם	נוּ	ָה	תְּ	תָּ	תִּי
you (*m.*)	we	she *or* it (*f.*)	thou (*f.*)	thou (*m.*)	I
		וּ	תֶּן		
		they	you (*f.*)		

Note.—The nominative case of the third person singular masculine has no affix, but it is understood, as שָׁמַע *he heard,* הָיָה *it* (m.) *was.*

EXERCISE.

Verbs :—שָׁמַר *he kept.*
פָּקַד *he visited.*
זָכַר *he remembered.*

Point out the pronouns in the following verbs, and translate the pronoun and verb together.

שְׁמַרְנוּ · פָּקַדְתִּי · זָכַרְתָּ · שְׁמַרְתֶּם · זָֽכְרָה · פָּֽקְדוּ ·
שְׁמַרְתְּ · פְּקַדְתֶּן · שָֽׁמְרָה · זָֽכְרוּ · פָּקַדְנוּ · זָכַרְתְּ · שָׁמַר :

Note.—The words not in parenthesis are the roots; those in parenthesis denote the change of points before the nominative is added.

You (*m.*) wrote.	She approached.	We took.
כָּתַב (כְּתַב)	נָגַשׁ (נָֽגְשׁ)	לָקַח (לָקַחְ)

I chose.	They said.	You (*f*) asked.	We knew.
בָּחַר (בָּחַרְ)	אָמַר (אָמְר)	שָׁאַל (שְׁאַלְ)	יָדַע (יָדַעְ)

Thou (*m.*) dwellest.	Thou (*f.*) sendest.
יָשַׁב (יָשַׁבְ)	שָׁלַח (שָׁלַחְ)

The nominative case as expressed by affixes to the imperative mood of a verb.

נָה	וּ	ִי
you (*f.*)	you (*m.*)	thou (*f.*)

Note.—The nominative case of the second person masculine has no affix as, לְמוֹד *learn thou.*

EXERCISE.

Verbs :—שָׂרַף *he burned.*
שָׁפַךְ *he poured.*
לָבַשׁ *he clothed.*

Note.—In this Hebrew exercise, and those following, where the pronouns are expressed by prefixes or affixes to a verb, do as directed in the preceding Hebrew exercise.

שִׂרְפוּ · שִׁפְכִי · לְבַשְׁנָה · לִבְשׁוּ · שְׂרוֹף : שְׁפוֹךְ · לִבְשִׁי ·

Gather thou (*f.*)	Serve you (*m.*)	Eat you (*m.*)
לַקֵּט (לִקְט)	עֲבֹד (עִבְד)	אֱכֹל (אִכְל)

Speak you (*f.*)
דַּבֵּר (דַּבֵּר)

The nominative case as expressed by prefixes and affixes to a verb in the future tense.

נ	ת	י	ת–ִי	ת	א
we	she *or* it (*f.*)	he *or* it (*m.*)	thou (*f.*)	thou, (*m.*)	I
	ת–נָה	י–וּ	ת–נָה	ת–וּ	
	they (*f.*)	they (*m.*)	you (*f.*)	you (*m.*)	

EXERCISE.

Verbs :—קָרַב *he approached.*
מָשַׁח *he anointed.*
לָמַד *he learned.*

אֶקְרַב · תִּמְשַׁח · נִלְמוֹד · יִקְרְבוּ · תִּלְמֹדְנָה ׃
תִּמְשְׁחוּ · יִלְמֹד ׃

You (*f.*) will rest.	We will see.	I shall be.
שָׁבַת (–ִשְׁבֹּת)	רָאָה (–ִרְאֶה)	הָיָה (–ֶהְיֶה)
They (*m.*) will hew.	You (*m.*) will make.	He will wash.
פָּסַל (–ִפְסְל)	עָשָׂה (–ַעֲשׂ)	רָחַץ (–ִרְחַץ)
	They (*f.*) will sow.	She will drink.
	זָרַע (–ִזְרַע)	שָׁתָה (–ִשְׁתֶּה)

Genitive Case.

The genitive case is expressed by affixes to שֶׁל *of.*

שֶׁלִּי שֶׁלְּךָ שֶׁלָּךְ שֶׁלּוֹ שֶׁלָּהּ שֶׁלָּנוּ

of us. of her. of him. of thee (*f.*) of thee. of me.

שֶׁלָּכֶם שֶׁלָּכֶן שֶׁלָּהֶם שֶׁלָּהֶן

of them (*f.*) of them (*m.*) of you (*f.*) of you, *m.*

Note.—This case is not found in biblical Hebrew.

Dative Case.

The dative case is expressed by affixes to the letter לְ *to* or *for*; or by affixes to the word אֶל *to.*

Examples:—

לִי · אֵלַי · לְךָ · אֵלֶיךָ · לָךְ · אֵלַיִךְ · לוֹ · אֵלָיו ·

to him. to thee, (*f.*) to thee (*m.*) to me.

לָהּ · אֵלֶיהָ · לָנוּ · אֵלֵינוּ · לָכֶם · אֲלֵיכֶם ·

to you (*m.*) to us. to her.

לָכֶן · אֲלֵיכֶן · לָהֶם · אֲלֵיהֶם · לָהֶן · אֲלֵיהֶן :

to them (*f.*) to them (*m.*) to you (*f.*)

Note.—The dative with לְ is used to express the English possessive, as לִי הֵם *they are mine.*

EXERCISE.

דַּבֵּר אֵלַי · הֵבִיא לָנוּ · לָתֵת לָךְ · נִשְׁבַּע לוֹ ·

He swore To give He brought Speak

בָּא אֵלֶיךָ · שׁוּבוּ אֵלַי · שְׁלַח לָנוּ · יָבוֹא

He will come Send Return He came

אֵלֵינוּ · לְהַקְרִיב לִי · עֲשׂוּ לָהֶן · אֱמוֹר אֲלֵיהֶם :

Say Do To offer

נָתַן לָכֶם · הֻגַּד לָהֶם · קִוִּינוּ לָכֶן ׃

He gave — It was told — We waited

Take to me. — קַח

Go out to them (*m.*) — צֵא

Listen to them (*m.*) — הַקְשִׁיבוּ

Come near to me. — קִרְבוּ

Build for me. — בְּנֵה

Enough for him. — רַב

He will fight for you (*m.*) — יִלָּחֵם

It shall be for you. — יִהְיֶה

He went to them. — הָלַךְ

I will wait for them (*f.*) — אוֹחִיל

I lifted up to thee (*m.*) — נָשָׂאתִי

Render the following pronouns in the dative as the possessive.

לִי הֵם · לְךָ הִיא · לָכֶם הוּא · לָנוּ הֵם · לִי הוּא ׃

The words expressing the possessive, must be placed first, as לִי יִהְיוּ and not יִהְיוּ לִי·

I am thine. — אֲנִי

The earth is mine. — הָאָרֶץ

They shall be his. — יִהְיוּ

It is hers. — הוּא

The kingdom is thine. — הַמַּלְכוּת

Accusative Case.

The accusative case is expressed by affixes to the sign אֶת, or by affixes to an active verb.

Examples :—

אֹתָהּ ·	אֹתוֹ ·	אֹתָכָה or אֹתָךְ ·	אֹתְךָ ·	אֹתִי ·
her *or* it, (*f.*)	him *or* it, (*m.*)	thee, (*f.*)	thee, (*m.*)	me,
אֹתָם or אֶתְהֶם ·		אֶתְכֶן ·	אֶתְכֶם ·	אֹתָנוּ ·
them (*m.*)		you (*f.*)	you (*m.*)	us,
				אֹתָן or אֶתְהֶן :
				them (*f.*)

EXERCISE.

צִוִּיתִי ·	בֵּרַךְ אֹתָנוּ ·	רָאָה אֹתוֹ ·	עָנָה אֹתִי ·
I commanded	He blessed	He saw	He answered
אָהַב אֶתְכֶם ·	אָכַל אֹתָהּ ·	עֲשֵׂה אֹתָם ·	אֹהֲבָה ·
He loved	He ate	Do	
שָׁכַח אֹתָךְ ·	לִמֵּד אֹתְךָ ·	יָרֵא אֶתְכֶן ·	
He forgot	He taught	He feared	

Place it (*m.*)	Take her.	Keep them (*m.*)	Read it (*f.*)
שִׂים	קַח	שְׁמוֹר	קְרָא
He killed him.	They sent us.	Break them (*f.*)	Guard me.
הָרַג	שָׁלְחוּ	שְׁבוֹר	נְצוֹר
To purify you			
לְטַהֵר			

The accusative case expressed by affixes to a verb :—

ָהּ הָ נָּה ·	וֹ ו נּוּ ֵהוּ הוּ ·	ךְ כִי ·	ךָ כָה ·	י נִי ·
her *or* it,	him *or* it,	thee (*f.*)	thee (*m.*)	me,
ן הֶן :	ם מוֹ הֶם ·	כֶן	כֶם ·	נוּ ·
them (*f.*)	them (*m.*)	you (*f.*)	you (*m.*)	us

Exercise.

Note 1.—The verbs in this exercise are the same as those given in the exercise on the nominative case.

2.—In this and in the following exercise the translation of the nominative case, as well as that of the accusative, is omitted.

זְכָרוֹ · פְּקָדָהוּ · פְּקָדַנִי · שְׁמַרְתַּנִי · זְכַרְתִּיו ·
זְכַרְתִּים · פְּקַדְתִּיכֶם · פְּקַדְתִּין · אֶזְכְּרֵהוּ · יִשְׁמְרֵךְ ·
אֶשְׁמְרֶנְהוּ · תִּשְׁמְרֵן · תִּפְקְדֶיהָ · תִּפְקְדִינִי ·
יִפְקְדוּךְ · נִזְכָּרְכֶם · נִזְכְּרֵם · תִּשְׁמְרוּנוּ :

Note.—The numbers after the words denote which affix is to be used when there are more than one: thus, *him* is expressed by five affixes, 1, therefore shows that the first one, ֹו, is to be used; 2, that the second one, ו, is to be used.

I left them (*f.*) · עָזַב (עֲזָבְ 1.)

They pursued me . · רָדַף (רְדָפ 2.)

They caught us. · תָּפַשׂ (תְּפָשׂ .)

I shall give it (*m.*) · נָתַן (אֶתְּנֶ 5.)

Thou hast proved us. · בָּחַן (בְּחַנְ .)

I have made it (*f.*) · עָשָׂה (עֲשָׂי 2.)

Help me. · עָזַר (עֲזָרֶ 2.)

I chose them (*m.*) · בָּחַר (בְּחַרְ 1.)

Heal us. · רָפָא (רְפָאֵ .)

I called thee (*m.*) · קָרָא (קְרָא 1.)

Hear me. · שָׁמַע (שְׁמָע 2.)

Rewarding us. · גָּמַל (גֹּמְלֵ .)

They (*m.*) will serve thee (*f.*) · עָבַד (־ַעַבְד 1.)

Thou (*m.*) hast taken me. · לָקַח (לְקַח 2.)

I have supported him. · סָמַךְ (סְמַכְ 2.)

She will seek it (*f.*) בִּקֵּשׁ (־ְבַקְּשָׁ 3.)

The Ablative Case.

The ablative case is expressed by affixes to the letter ב, signifying *in*, *with*, *by*, *on*, *&c.*, *&c.*; or by affixes to the letter מ, signifying *from*.

בָּנוּ	בָּהּ	בּוֹ	בָּךְ	בְּךָ	בִּי
in us,	in her,	in him,	in thee, *f.*	in thee, *m.*	in me.

בָּהֶן	בָּם or בָּהֶם	בָּכֶן	בָּכֶם
in them, *f.*	in them, *m.*	in you, *f.*	in you, *m.*

מִמֶּנָּה	מִמֶּנּוּ	מִמֵּךְ	מִמְּךָ	מִמֶּנִּי
from her,	from him,	from thee, *f.*	from thee, *m.*	from me,
מֵהֶן	מֵהֶם	מִמְּכֶן מִכֶּן	מִמְּכֶם מִכֶּם	מִמֶּנּוּ
from them, *f.*	from them, *m.*	from you, *f.*	from you, *m.*	from us.

EXERCISE.

מֵהֶם תִּקְנוּ ·	צָמַח בּוֹ ·	שַׂמְתִּי בָם ·	קָרָא בָּהֶם ·
you shall buy.	It grew	I put	He read
חָסוּ בָךְ ·	רָחוֹק מִמְּךָ ·		הָסֵר מִמֶּנּוּ ·
They trusted	Far		Remove
יִשְׂמְחוּ בְךָ ·	לָקַח מִכֶּם ·		תִּגְרְעוּ מִמֶּנּוּ ·
They will rejoice	He took		You will diminish
יִכָּרֵת מִכֶּם ·	מָצָא בִּי ·		הֹרֵשׁ מִמֶּנּוּ ·
He shall be cut off.	He found		Seeking

Write in it, *m.*	Pass by it, *f.*	They shall live by them, *m.*
כְּתוֹב	עִבְרוּ	יִחְיוּ

He dwelt in them, *m.*	She fled from me.	He delighted in us.
יָשַׁב	בָּרְחָה	חָפֵץ
Trust in him.	He came from him.	There is not in me.
בְּטַח	בָּא	אֵין
Go out from me.	I fell from it.	
צֵא	נָפַלְתִּי	

Relative Pronouns.

The relative pronouns *who*, *which*, and *that* are expressed by the word אֲשֶׁר, and by the prefixes שׁ and ה; the latter ה is generally prefixed to the participle, and is pointed in the same manner as the article: as, הָאִישׁ אֲשֶׁר נָתַן *the man who gave*, הַמַּעֲשִׂים שֶׁנַּעֲשׂוּ *the works which were done*, הוּא הַפּוֹקֵד *he who visits*. These pronouns have no change for gender, number, or case.

Exercise.

הַמְּלָאכָה אֲשֶׁר עָשָׂה · הָאָדָם אֲשֶׁר יָצַר ·

The work. he made The man he formed.

כְּעִיר שֶׁחֻבְּרָה · כְּטַל שֶׁיֹּרֵד · הוּא הַנּוֹתֵן ·

As a city is joined. As the dew. descends. gives.

אַתָּה הָרֹצֶה · הַכֶּסֶף אֲשֶׁר מָצָאנוּ · הָעֲגָלוֹת

delightest. The money. we found. The wagons

אֲשֶׁר שָׁלַח :

he sent.

The first three relatives express by אֲשֶׁר; the second by prefixing שׁ; and the last by prefixing ה.

The voice which he heard. Sons who were born. A portion

חֵלֶק יֻלְּדוּ בָּנִים שָׁמַע הַקּוֹל

which he gave. The man who will eat. The law which he

הַתּוֹרָה יֹאכַל הָאָדָם נָתַן

gave. The word which he spoke. The people that are left.

נִשְׁאַר הָעָם דִּבֵּר הַדָּבָר נָתַן

The men who transgress. Nations who rebel.

מוֹרְדִים גּוֹיִם פּוֹשְׁעִים הָאֲנָשִׁים

Possessive Pronouns.

Possessive pronouns are expressed by affixes to nouns.

The following are the affixes when the noun is singular :—

ִ־י ְ־ךָ ֶ־ךָ ָ־ךְ כָה ֵ־ךְ כִי וֹ ה הוּ

his *or* its, *m.* thy, *f.* thy, *m.* my

ָ־הּ ֵ־נוּ ְ־כֶם ְ־כֶן ָ־ם מוֹ ָ־ן

their, *f*, their, *m.* your, *f.* your, *m.* our her *or* its, *f.*

The following are the affixes when the noun is plural :—

ַ־י ֶ־יךָ ַ־יִךְ ָ־יו ֶ־יהָ ֵ־ינוּ

our, her, his, thy, *f.* thy, *m.* my,

ֵ־יכֶם ֵ־יכֶן ֵ־יהֶם ֵ־יהֶן

their, *f.* their, *m.* your, *f.* your, *m.*

Example of a noun masculine with the possessive pronouns affixed.

Singular.

דָּבָר *a word,* absolute. דְּבַר *word of,* constructive.

דְּבָרִי דְּבָרְךָ דְּבָרֵךְ דְּבָרוֹ דְּבָרָהּ

her word, his word, thy word, *f.* thy word, *m.* my word,

AND READING BOOK. 53

דְּבָרָם their word, *m.*   דְּבַרְכֶן your word, *f.*   דְּבַרְכֶם your word, *m.*   דְּבָרֵנוּ our word,

דְּבָרָן their word, *f.*

Plural.

דְּבָרִים *words*, absolute.   דִּבְרֵי *words of*, constructive.

דְּבָרָיו his words,   דְּבָרַיִךְ thy words, *f.*   דְּבָרֶיךָ thy words, *m.*   דְּבָרַי my words,

דִּבְרֵיכֶן your words, *f.*   דִּבְרֵיכֶם your words, *m.*   דְּבָרֵינוּ our words,   דְּבָרֶיהָ her words,

דִּבְרֵיהֶן their words, *f.*   דִּבְרֵיהֶם their words, *m.*

Example of a feminine noun:—

Singular.

מַכָּה *a wound*, absolute.   מַכַּת *wound of*, constructive.

מַכָּתוֹ his wound,   מַכָּתֵךְ thy wound, *f.*   מַכָּתְךָ thy wound, *m.*   מַכָּתִי my wound,

מַכַּתְכֶן your wound, *f.*   מַכַּתְכֶם your wound, *m.*   מַכָּתֵנוּ our wound,   מַכָּתָהּ her wound,

מַכָּתָן their wound, *f.*   מַכָּתָם their wound, *m.*

Plural.

מַכּוֹת *wounds*, absolute and constructive.

מַכּוֹתָיו his wounds,   מַכּוֹתַיִךְ thy wounds, *f.*   מַכּוֹתֶיךָ thy wounds, *m.*   מַכּוֹתַי my wounds,

מַכּוֹתֶיהָ   מַכּוֹתֵינוּ   מַכּוֹתֵיכֶם   מַכּוֹתֵיכֶן

your wounds, *f.* your wounds, *m.* our wounds, her wounds.

מַכּוֹתֵיהֶם   מַכּוֹתֵיהֶן

their wounds, *f.* their wounds, *m.*

Exercise.

בַּיִת   תּוֹרָה   שִׁיר   עִיר

a city, a song, a law, a house,

בֵּיתִי · בֵּיתְךָ · תּוֹרָתוֹ · תּוֹרָתֵנוּ · שִׁירוֹ · עִירְךָ ·

בֵּיתוֹ · שִׁירִי · תּוֹרַתְכֶן · עִירָם · שִׁירֵךְ · בַּתֵּינוּ ·

תּוֹרוֹתֵיכֶם · שִׁירֵיהֶם · עָרֵיהֶם · תּוֹרוֹתֵינוּ · עָרֶיךָ ·

תּוֹרוֹתַיִךְ · שִׁירָיו · תּוֹרוֹתֵיהֶם · שִׁירַי · שִׁירֵיהֶן :

Note.—The numbers denote which affix is to be used when there are more than one; where no number is marked use the first.

thy (*m.*) mother.
Example—2 ךָ אֵם אִמ is the affix for *thy*, known by the 2.

My son. His mother. Her daughter. Its (*m.*) nest.

בֵּן (בְּנ)   אֵם (אִמּ)   בַּת (בִּתּ)   קֵן (קִנ)

Their (*m.*) hand. Our land. Thy (*m.*) stranger. Its (*f.*)

יָד   אֶרֶץ (אַרְצ)   גֵּר (גֵּר)

produce. Thy (*f.*) voice. His people. Thy (*m.*)

תְּבוּאָה (תְּבוּאָת)   קוֹל   עָם (עַמּ)

maid. Its (*m.*) vessels. Its (*f.*) pillars.

שִׁפְחָה (שִׁפְחַת)   כְּלִי (כֵּל)   עַמּוּד

Their (*m.*) journeys. His garments. Their (*m.*) burnt-offerings.

מַסַּע (מַסְע)   בֶּגֶד (בִּגְד)   עוֹלוֹת

Her inhabitants.	Its (*f.*) blood.	Her skin.	Its (*m.*) fat.
יֹשֵׁב (יֹשְׁב)	דָּם (דָּמ)	עוֹר	חֵלֶב (חֶלְב)

Thy (*f.*) iniquity.	His tent.
עָוֹן (עֲוֹנ 2)	אֹהֶל (אָהֳל 2)

Demonstrative Pronouns.

Demonstrative pronouns are expressed by separate words.

הַלֵּזוּ ·	הַלָּזֶה ·	זֹאת · זֹה · זוֹ ·	זֶה ·
this, *f.*	this, *m.*	this, *f.*	this, *m.*

אֵלֶּה · אֵל :	זוּ :
these *or* those *com.*	this, *com.*

The personal pronoun הוּא is often used as a demonstrative pronoun: as הַמָּקוֹם הַהוּא *that place*, בַּיָּמִים הָהֵם *in those days.*

Exercise.

Note.—When the demonstrative is before the noun, express the word *is* or *are* after the pronoun: as, זֹאת הַתּוֹרָה *this is the law.*

זֹאת הָאִשָּׁה · זֶה הַדָּבָר · זֶה הַיּוֹם · אֵלֶּה תּוֹלְדוֹת ·

woman. word. day. generations

הָאֲרָצוֹת הָאֵל · הָאִישׁ הַלָּזֶה : הָאָרֶץ הַלֵּזוּ ·

Countries Man Earth

הַדּוֹר זוּ · בָּעֵת הַהִיא · הָאֲנָשִׁים הָהֵם · זֶה נִסִּיתִי :

Generation At time Men I proved.

Note.—In the following exercise use זֶה, זאת to express *this*, and אֵלֶּה to express *these*; place the demonstrative after the noun, and prefix the article both to the noun and pronoun: as *this man* הָאִישׁ הַזֶּה.

This boy. This child. These cities. These judgments.
נַעַר יֶלֶד עָרִים מִשְׁפָּטִים

This girl. These laws. This commandment.
יַלְדָּה תּוֹרוֹת מִצְוָה

Interrogative Pronouns.

מִי · מַה · מֶה · מָה ·
What? Who?

מָה is used before אהר, and מֶה before חע.

Exercise.

מִי הִגִּיד לְךָ · מַה בֶּצַע · מִי בִקֵּשׁ זאת · מַה
told, profit, sought

דִּבֵּר · מֶה עָשִׂיתִי לְךָ · מִי יָלַד
did he speak., have I done, hath begotten

לִי אֶת־אֵלֶּה · מָה־אָמְרוּ הָאֲנָשִׁים הָאֵלֶּה :
said

What did he answer him? Who will contend with me?
עָנָה יָרִיב אִתִּי

What have they seen?
רָאוּ

What is thy name? — שְׁמֶךָ

What did he say. — אָמַר

Who made thee? — שָׂהֱךָ

What shall we do. — נַעֲשֶׂה

Distributive and Indefinite Pronouns.

The following words express the above pronouns of the English language.

אִישׁ each.

כָּל · כֹּל every, any, all, whole.

מִן or the prefix מִ some of.

אַחֵר · אַחֶרֶת other, another, *sing.*

אֲחֵרִים · אֲחֵרוֹת others, *plur.*

אִישׁ לְרֵעֵהוּ each other.

אֶחָד one.

אַיִן · אֵין אִישׁ · אֵין אֶחָד · לֹא אֶחָד none.

כָּזֶה · כָּזֹאת · כָּאֵלֶּה such.

זֶה–זֶה the one—the other, one another.

רַבִּים · רַבּוֹת many.

Note.—All and *every* are sometimes expressed by the repetition of the noun; and *some* and *such* are frequently understood and not expressed.

Exercise.

רַבִּים אוֹמְרִים · כָּל הַנּוֹגֵעַ · וְקָרָא זֶה אֶל זֶה ·

And called who toucheth. say

אַצִּיגָה מִן הָעָם · וַיִּקְחוּ אִישׁ חַרְבּוֹ ·

his sword. And they took people I will leave

וַיִּשְׁאֲלוּ אִישׁ לְרֵעֵהוּ · אֵין עוֹנֶה · אֵין

answereth. And they asked

רוֹדֵף • הֲנִמְצָא כָּזֶה • אִם אַחֶרֶת יִקַּח •

he take. If Can be found pursueth.

זֶה יַשְׁפִּיל וְזֶה יָרִים • אֵין אִישׁ

he setteth up he putteth down

מֵאַנְשֵׁי הַבָּיִת ׃ וְנָתַתָּה מֵהוֹדְךָ עָלָיו ׃

upon him. thy honour And put of the house. of the men

I will give to another, *m*. Each shall give. All who hear.

הַשּׁוֹמְעִים • יִתֵּן • הַדָּם אֶתֵּן

He put some of the blood. The one over against the other.

לְעוּמַּת • נָתַן

None helpeth. Who heard such, *f. s.* One shall say

יֹאמַר שָׁמַע עוֹזֵר •

and another shall call. Who hath seen such, *p.*

רָאָה • יִקְרָא ׃

VERBS.

Verbs have number, person, mood, tense, participle, and form.

Number and Person.

Verbs have two numbers, singular and plural, and three persons in each number first, second, and third, expressed by prefixes and affixes ; the former denoting the future, the latter the past tense as explained in the cases of the pronouns.

Mood and Tense.

Verbs have three moods : indicative, imperative, and infinitive ; two tenses, past and future ; the other moods and tenses found in the English language are sometimes known by conjunctions coming before the indicative.

To the infinitive the letters ב כ ל ם are often prefixed. ב signifies *in*, כ *as*, ל *to*, מ *from*: as בִּפְקוֹד *in visiting*, כִּפְקוֹד *as visiting*, לִפְקוֹד *to visit*, מִפְּקוֹד *from visiting*.

The future tense is sometimes rendered as the past, and the past sometimes as the future when ו is prefixed to the verb: as יֹאמַר *he will say*. וַיֹּאמֶר *and he said*, אָמַר *he said*, וְאָמַר *and he will say*.

Participles.

There are two participles: the present or active, and the perfect or passive: as שׁוֹמֵר *keeping*, שָׁמוּר *kept*, and may be declined with affixes like a noun, as שׁוֹמְרִי, &c. The participles are frequently used with pronouns to express the present tense: as אָנֹכִי לוֹמֵד *I am learning* or *I learn*, אֲנִי קָרוּא *I am called*.

Intransitive verbs have no passive participle, and some have neither active nor passive participle.

Form.

Form is the change a verb undergoes to express the various modes of its action. An active verb has seven forms, three active, three passive, and one reflective; the names of these forms are—

קַל or פָּעַל · נִפְעַל · פִּעֵל · פֻּעַל · הִפְעִיל ·
הָפְעַל · הִתְפַּעֵל :

Explanation of each Form.

First Form פָּעַל or קַל.

Simply expresses the verb: as פָּקַד *he visited*.

SECOND FORM נִפְעַל,

Is the passive of the קַל: as נִפְקַד *he was visited.*

THIRD FORM פִּעֵל,

Expresses the action with more power than the קַל: as שָׁבַר *he broke,* שִׁבֵּר *he shattered.*

FOURTH FORM פֻּעַל,

Is the passive of the פִּעֵל: as שֻׁבַּר *he was shattered.*

FIFTH FORM הִפְעִיל,

Causes another to act: as זָכַר *he remembered,* הִזְכִּיר *he caused to remember*

SIXTH FORM הָפְעַל,

Is the passive of the הִפְעִיל: הָזְכַּר *he was caused to remember.*

SEVENTH FORM הִתְפַּעֵל,

Has a reflective signification: as מָכַר *he sold,* הִתְמַכֵּר *he sold himself.* It often signifies pretence or disguise: as מִתְעַשֵּׁר *pretending to be rich.*

Observations on the Forms.

A verb that is intransitive in the קַל becomes transitive in the פִּעֵל or הִפְעִיל: as אָבַד (קַל) *he perished,* אִבֵּד (פִּעֵל) *he destroyed,* עָמַד (קַל) *he stood,* הֶעֱמִיד (הִפְעִיל) *he placed.*

Verbs in the נִפְעַל are not always passive: as נִשְׁעַן *he leaned upon.*

The פִּעֵל sometimes expresses the action done frequently: as גָּנַב *he deceived,* גִּנֵּב *he frequently deceived*; and sometimes is causative: as שָׁכַח *he forgot,* שִׁכַּח *he caused to forget.*

The הִתְפַּעֵל is sometimes used passively: as הִתְקַדֵּשׁ *he was sanctified.*

The change of a form sometimes gives an entire different meaning to a word: כָּחַשׁ (קַל) *he decreased,* כִּחֵשׁ (פִּעֵל) *he denied.* All verbs are not found in all the forms; when a verb is not used in the קַל, the form in which it *is* used has the signification of the קַל, and not that of its own form: as צִוָּה (פִּעֵל) simply signifies *he commanded*; the קַל not being used.

The פֻּעַל and הָפְעַל have no imperative mood.

Exercise.

Say in which of the seven forms the following verbs must be expressed.

I was remembered. She will write repeatedly. Causing another to keep. He kept himself. We were diligently watched. Keep. Be remembered. You were caused to break. He pretended to be poor.

Sign and example of each Form.

The פָּעַל or קַל.

The form or קַל or פָּעַל unlike the others, has no particular sign.

Example of the קַל *Kal or* פָּעַל *Pagnal Form.*

Note 1.—In order that the Hebrew verb may be conjugated according to the method adopted by grammarians in the conjugation of an English verb, the example commences with the first person singular, as פָּקַדְתִּי, and not with the third person פָּקַד, which is frequently the case in Hebrew grammars. At the same time, the student must remember, that the third person singular, and not the first person, is the root.

Note 2.—In translating the verb פָּקַד in each form, the general signification is given, viz., *visited, was visited, visited diligently,* &c., but it may here be observed that in the פִּעֵל and פֻּעַל it is generally rendered as *numbered*, and in the הִתְפַּעֵל *was numbered.*

Indicative Mood.

Past Tense.

SINGULAR.	PLURAL.
פָּקַדְתִּי I visited	פָּקַדְנוּ we visited
פָּקַדְתָּ thou visitedst, m.	פְּקַדְתֶּם you visited, m.
פָּקַדְתְּ thou visitedst, f.	פְּקַדְתֶּן you visited, f.
פָּקַד he *or* it visited	פָּקְדוּ they visited.
פָּקְדָה she *or* it visited.	

Future Tense.

SINGULAR.	PLURAL.
אֶפְקוֹד I shall visit	נִפְקוֹד we shall visit
תִּפְקוֹד thou shalt visit, m.	תִּפְקְדוּ you shall visit, m.
תִּפְקְדִי thou shalt visit, f.	תִּפְקוֹדְנָה you shall visit, f.
יִפְקוֹד he *or* it shall visit	יִפְקְדוּ they shall visit, m.
תִּפְקוֹד she *or* it shall visit	תִּפְקוֹדְנָה they shall visit, f.

Imperative Mood.

SINGULAR.	PLURAL.
פְּקוֹד visit thou, m.	פִּקְדוּ visit you, m.
פִּקְדִי visit thou, f.	פְּקוֹדְנָה visit, you, f.

Infinitive Mood.

פְּקוֹד or פָּקוֹד to visit.

Participle Active.

SINGULAR.	PLURAL.
פּוֹקֵד visiting, m.	פּוֹקְדִים visiting, m.
פּוֹקְדָה or פּוֹקֶדֶת visiting, f.	פּוֹקְדוֹת visiting, f.

PARTICIPLE PASSIVE.

SINGULAR.	PLURAL.
פָּקוּד visited, m.	פְּקוּדִים visited, m.
פְּקוּדָה visited, f.	פְּקוּדוֹת visited, f.

EXERCISE.

Give the past tense of זָכַר *he remembered*; the infinitive and imperative moods of כָּתַב *he wrote*, and the participles of שָׁמַר *he kept*.

Note.—In all the Hebrew exercises of the verbs analyse as well as translate each word.

פְּקוֹד · זוֹכְרִים · כָּתַבְתִּי · כְּתַבְנוּ · כְּתַבְתֶּם · זְכוֹרְנָה ·
יִזְכְּרוּ · תִּזְכּוֹרְנָה · כִּתְבוּ · בִּכְתוֹב · תִּכְתְּבוּ ·
מִשְּׁמוֹר · אֶפְקוֹד · תִּפְקְדִי · שִׁמְרוּ · כְּתוּבָה · זָכוּר :

I wrote. They kept. You remember. Remember ye (*f.*) In remembering. I shall visit. You will visit. As visiting. Visit thou (*m.*) They will remember (*f.*) Thou shalt write. From writing. Remembering (*m. pl.*) Writing (*f. pl.*) Remembered (*f. sing.*) Visited (*f. pl.*)

THE נִפְעַל NIPHGNAL FORM.

SIGN.

The past tense and participle have נ prefixed, as נִפְקַד.

The imperative and infinitive have ה prefixed, and the first radical has dagesh, as הִפָּקֵד.

The future tense has a dagesh in the first radical, as יִפָּקֵד.

If the first radical be א ה ח ע ר, then the dagesh is omitted, and the prefixes pointed with (..) as יֵחָשֵׁב.

Example of the נִפְעַל Niphgnal Form.

INDICATIVE MOOD.

Past Tense.

SINGULAR.	PLURAL.
נִפְקַדְתִּי I was visited	נִפְקַדְנוּ we were visited
נִפְקַדְתָּ thou wast visited, m.	נִפְקַדְתֶּם you were visited, m.
נִפְקַדְתְּ thou wast visited, f.	נִפְקַדְתֶּן you were visited, f.
נִפְקַד he was visited	נִפְקְדוּ they were visited
נִפְקְדָה she was visited	

Future Tense.

SINGULAR.	PLURAL.
אֶפָּקֵד I shall be visited	נִפָּקֵד we shall be visited
תִּפָּקֵד thou shalt be visited, m.	תִּפָּקְדוּ you shall be visited, m.
תִּפָּקְדִי thou shalt be visited, f.	תִּפָּקַדְנָה you shall be visited, f.
יִפָּקֵד he shall be visited	יִפָּקְדוּ they shall be visited, m.
תִּפָּקֵד she shall be visited	תִּפָּקַדְנָה they shall be visited, f.

IMPERATIVE MOOD.

SINGULAR.	PLURAL.
הִפָּקֵד be thou visited, m.	הִפָּקְדוּ be you visited, m.
הִפָּקְדִי be thou visited, f.	הִפָּקַדְנָה be you visited, f.

INFINITIVE MOOD.

הִפָּקֵד to be visited.

PARTICIPLE.

SINGULAR.	PLURAL.
נִפְקָד being visited, m.	נִפְקָדִים being visited, m.
נִפְקָדָה being visited, f.	נִפְקָדוֹת being visited, f.

EXERCISE.

Give the future tense of זָכַר ; the past tense of שָׁמַר ; the imperative mood, the infinitive mood, and the participle of כָּתַב.

Translate :—

הִפָּקֵד · נִכְתְּבָה · נִזְכָּרִים · יִזָּכְרוּ · תִּפָּקַדְנָה ·

אֶשָּׁמֵר : תִּשָּׁמְרִי · יִכָּתְבוּ · תִּזָּכְרוּ · נִפְקָדוֹת ·

נִשְׁמַרְתִּי · נִכְתְּבוּ · נִשְׁמַרְנוּ · הִפָּקְדוּ · הִזָּכַרְנָה :

It (*f.*) was remembered. Being kept (*m. s.*) Being visited (*f. s.*) They were kept. They (*m.*) shall be written. Be thou (*m.*) remembered. Be you (*f.*) visited. We were kept. It (*f.*) shall be written. They (*f.*) will be visited. To be remembered. You (*m.*) were kept.

THE פִּעֵל PIGNEL FORM.

SIGN.

A dagesh in the second radical throughout the whole form : as פִּקֵּד. If the second radical be one of the letters א ה ח ע ר, which cannot take a dagesh, then the short vowel under the first radical is changed to a long vowel : as בֵּרֵךְ. The participles have מְ prefixed.

Example of the פִּעֵל *Pignel Form.*

INDICATIVE MOOD.

Past Tense.

Visited diligently.

SINGULAR.	PLURAL.
פִּקַּדְתִּי I	פִּקַּדְנוּ we
פִּקַּדְתָּ thou, m.	פִּקַּדְתֶּם you, m.
פִּקַּדְתְּ thou, f.	פִּקַּדְתֶּן you, f.
פִּקֵּד he *or* it, m.	פִּקְּדוּ they
פִּקְּדָה she *or* it, f.	

Future Tense.

Shall diligently visit.

SINGULAR.		PLURAL.	
אֲפַקֵּד	I	נְפַקֵּד	we
תְּפַקֵּד	thou, m.	תְּפַקְּדוּ	you, m.
תְּפַקְּדִי	thou, f.	תְּפַקֵּדְנָה	you, f.
יְפַקֵּד	he *or* it, m.	יְפַקְּדוּ	they, m.
תְּפַקֵּד	she *or* it, f.	תְּפַקֵּדְנָה	they, f.

Imperative Mood.

Visit diligently.

SINGULAR.		PLURAL.	
פַּקֵּד	thou, m.	פַּקְּדוּ	you, m.
פַּקְּדִי	thou, f.	פַּקֵּדְנָה	you, f.

Infinitive Mood.

פַּקֵּד to visit diligently.

Participle Active.

Visiting diligently.

SINGULAR.	PLURAL.
מְפַקֵּד m.	מְפַקְּדִים m.
מְפַקֶּדֶת ,מְפַקְּדָה f.	מְפַקְּדוֹת f.

Participle Passive.

Visited diligently.

SINGULAR.	PLURAL.
מְפֻקָּד m.	מְפֻקָּדִים m.
מְפֻקָּדָה f.	מְפֻקָּדוֹת f.

Exercise.

Give all the first persons of קָצַר *he was short*, (פִּעֵל) *he shortened*; the second persons of שָׁבַר *he broke*, (פִּעֵל) *he shattered*; and the third persons of לָמַד *he learned*, (פִּעֵל) *he taught.*

Translate:

אֲקַצֵּר · מְקַצְּרִים · יְשַׁבְּרוּ · תְּשַׁבֵּרְנָה · מְלַמְּדִים ·
לַמֵּד · לַמֵּד · תְּקַצְּרוּ · מְקַצְּרוֹת · שַׁבֵּרְנָה :

I will shorten. They will shatter. You will teach. Teach you (*m.*) To shatter. Shortening, *pl. f.* Shorten thou, *f.*

The Pugnal פֻּעַל Form.

Sign.

A dagesh in the second radical in all the form, like the פִּעֵל, and (ֻ) under the first radical.

Example of the פֻּעַל *Pugnal Form.*

Indicative Mood.

Past Tense.

Was diligently visited.

SINGULAR.		PLURAL.	
פֻּקַּדְתִּי	I	פֻּקַּדְנוּ	we
פֻּקַּדְתָּ	thou, m.	פֻּקַּדְתֶּם	you, m.
פֻּקַּדְתְּ	thou, f.	פֻּקַּדְתֶּן	you, f.
פֻּקַּד	he *or* it, m.	פֻּקְּדוּ	they
פֻּקְּדָה	she *or* it, f.		

Future Tense.

Shall be diligently visited.

SINGULAR.		PLURAL.	
אֲפֻקַּד	I	נְפֻקַּד	we
תְּפֻקַּד	thou, m.	תְּפֻקְּדוּ	you, m.
תְּפֻקְּדִי	thou, f.	תְּפֻקַּדְנָה	you, f.
יְפֻקַּד	he *or* it, m.	יְפֻקְּדוּ	they, m.
תְּפֻקַּד	she *or* it, f.	תְּפֻקַּדְנָה	they, f.

INFINITIVE MOOD.

פֻּקַּד or פֻּקֹּד to be diligently visited.

PARTICIPLE.

Being diligently visited.

SINGULAR.	PLURAL.
פֻּקָּד m.	פֻּקָּדִים m.
פֻּקָּדָה f.	פֻּקָּדוֹת f.

EXERCISE.

Give the plural of the past tense of שֻׁבַּר ; the participle and future of לֻמַּד ; and the infinitive mood of קֻצַּר.

Translate :

נְשֻׁבַּר · אֲלֻמַּד · קֻצַּרְתֶּם · לֻמַּדְתִּי · שֻׁבַּר · שֻׁבָּרִים ·
אֲקֻצַּר · תְּלֻמְּדוּ :

We were taught. They were shattered. It (*m.*) was shortened. It (*f.*) was taught. She will be shattered. Being taught (*sing. f.*) Being taught (*pl. m.*) To be shortened.

THE HIPHGNEL הִפְעִיל FORM.

SIGN.

The past tense, imperative and infinitive moods, have ה prefixed; the future prefixes are pointed with (-), the participle active מַ, the participle passive מָ, or מֻ.

Example of the הִפְעִיל *Hiphgnel Form.*

Indicative Mood.

Past Tense.

Caused to visit.

SINGULAR.	PLURAL.
הִפְקַדְתִּי I	הִפְקַדְנוּ we
הִפְקַדְתָּ thou, m.	הִפְקַדְתֶּם you, m.
הִפְקַדְתְּ thou, f.	הִפְקַדְתֶּן you, f.
הִפְקִיד he *or* it, m.	הִפְקִידוּ they
הִפְקִידָה she *or* it, f.	

Future Tense.

Shall cause to visit.

SINGULAR.	PLURAL.
אַפְקִיד I	נַפְקִיד we
תַּפְקִיד thou, m.	תַּפְקִידוּ you, m.
תַּפְקִידִי thou, f.	תַּפְקֵדְנָה you, f.
יַפְקִיד he *or* it, m.	יַפְקִידוּ they, m.
תַּפְקִיד she *or* it, f.	תַּפְקֵדְנָה they, f.

Imperative Mood.

Cause to visit.

SINGULAR.	PLURAL.
הַפְקֵד thou, m.	הַפְקִידוּ you, m.
הַפְקִידִי thou, f.	הַפְקֵדְנָה you, f.

Infinitive Mood.

הַפְקִיד or הַפְקֵד to cause to visit.

Participle Active.

Causing to visit.

SINGULAR.	PLURAL.
מַפְקִיד m.	מַפְקִידִים m.
מַפְקִידָה, מַפְקֶדֶת f.	מַפְקִידוֹת f.

Participle Passive.

Caused to visit.

SINGULAR.	PLURAL.
מָפְקָד m.	מָפְקָדִים m.
מָפְקָדָה f.	מָפְקָדוֹת f.

Exercise.

Give the first person, singular and plural, past and future tense, of the verb לָבַשׁ *he clothed*; the imperative mood, second person, masculine and feminine singular of שָׁכַב *he lay down*; and the infinitive and participles of רָכַב *he rode*.

Translate:

אַלְבִּישׁ · תַּלְבֵּשְׁנָה · הִפְקַדְתֶּם · הִרְכִּיב · הִשְׁכַּבְנוּ ·
מַשְׁכִּיב · הַרְכֵּב · תַּפְקֵדְנָה · מַלְבִּישׁ · מַרְכִּיבִים :

Cause thou (*m.*) to visit. He shall cause to clothe. We shall cause to ride. Causing to visit (*f.*) To cause to lie down. You (*f.*) will cause to lie down.

The הָפְעַל Hophgnal Form.

Sign.

The past tense, infinitive mood and participle have הָ or הֻ prefixed, the future prefixes pointed (ָ) or (ֻ).

Example of the הָפְעַל *Hophgnal Form.*

Indicative Mood.

Past Tense.

Was caused to visit.

SINGULAR.	PLURAL.
הָפְקַדְתִּי I	הָפְקַדְנוּ we
הָפְקַדְתָּ thou, m.	הָפְקַדְתֶּם you, m.
הָפְקַדְתְּ thou, f.	הָפְקַדְתֶּן you, f.
הָפְקַד he *or* it, m.	הָפְקְדוּ they
הָפְקְדָה she *or* it, f.	

Future Tense.

Shall be caused to visit.

SINGULAR.	PLURAL.
אָפְקַד I	נָפְקַד we
תָּפְקַד thou, m.	תָּפְקְדוּ you, m.
תָּפְקְדִי thou, f.	תָּפְקַדְנָה you, f.
יָפְקַד he *or* it, m.	יָפְקְדוּ they, m.
תָּפְקַד she *or* it, f.	תָּפְקַדְנָה they, f.

Infinitive Mood.

הָפְקֵד or הָפְקַד to be caused to visit.

Participle.

Being caused to visit.

SINGULAR.	PLURAL.
הָפְקָד m.	הָפְקָדִים m.
הָפְקָדָה f.	הָפְקָדוֹת f.

72 THE HEBREW PRIMER

Exercise.

Give the second person singular and plural, masculine and feminine, of the past tense of רָכַב; the third person, singular and plural, masculine and feminine of שָׁכַב; and the infinitive and participle of לָבַשׁ.

Translate :

תָּשְׁכְּבוּ · הָלְבְּשׁוּ · תָּרְכַּבְנָה · הָפְקַד · הָפְקַדְתִּי ·
תָּלְבְּשׁוּ · הָלְבַּשׁ :

We will be caused to ride. To be caused to ride. You (*f*) will be caused to visit. She was caused to clothe. We were caused to lie down.

The Hithpagnel הִתְפַּעֵל Form.

Sign.

The past tense, imperative and infinitive moods have הִת prefixed, and the second radical has a dagesh (being formed from the פִּעֵל); the future tense has ת after the prefix; the participle מִת.

Observe.—If the first radical be ז ס צ שׁ, this form undergoes some change : if ס, or שׁ, the ת is placed after the first radical, as הִשְׁתַּמֵּר for הִתְשַׁמֵּר, מִסְתַּתֵּר for מִתְסַתֵּר ; if צ, the ת is changed into ט, and if ז into ד, and both are placed after the first radical, as מִצְטַדֵּק for מִתְצַדֵּק, הִזְדַּמֵּן for הִתְזַמֵּן·

Example of the הִתְפַּעֵל *Hithpagnel Form.*

Indicative Mood.

Past Tense.

Visited *or* inspected oneself (reflective).

SINGULAR.	PLURAL.
הִתְפַּקַּדְתִּי I	הִתְפַּקַּדְנוּ we
הִתְפַּקַּדְתָּ thou, m.	הִתְפַּקַּדְתֶּם you, m.
הִתְפַּקַּדְתְּ thou, f.	הִתְפַּקַּדְתֶּן you, f.
הִתְפַּקֵּד he *or* it, m.	הִתְפַּקְּדוּ they
הִתְפַּקְּדָה she *or* it, f.	

Future Tense.

Shall visit, &c.

SINGULAR.	PLURAL.
אֶתְפַּקֵּד I	נִתְפַּקֵּד we
תִּתְפַּקֵּד thou, m.	תִּתְפַּקְּדוּ you, m.
תִּתְפַּקְּדִי thou, f.	תִּתְפַּקֵּדְנָה you, f.
יִתְפַּקֵּד he *or* it, m.	יִתְפַּקְּדוּ they, m.
תִּתְפַּקֵּד she *or* it, f.	תִּתְפַּקֵּדְנָה they, f.

Imperative Mood.

Visit *or* inspect thyself.

SINGULAR.	PLURAL.
הִתְפַּקֵּד thou, m.	הִתְפַּקְּדוּ ye, m.
הִתְפַּקְּדִי thou, f.	הִתְפַּקֵּדְנָה ye, f.

Infinitive Mood.

הִתְפַּקֵּד to visit *or* inspect one's self.

Participle Active.

Visiting or inspecting one's self.

SINGULAR.	PLURAL.
מִתְפַּקֵּד m.	מִתְפַּקְּדִים m.
מִתְפַּקֶּדֶת ,מִתְפַּקְּדָה f.	מִתְפַּקְּדוֹת f.

Exercise.

Give the participle of שָׁמַר *he kept*; the past tense of מָכַר *he sold*; and the infinitive and imperative of סָתַר *he hid*.

Translate:—

הִשְׁתַּמַּרְתִּי · הִתְמַכַּרְנוּ · מִסְתַּתֵּר · אֶשְׁתַּמֵּר ·
הִתְמַכְּרִי · נִסְתַּתֵּר ׃ הִשְׁתַּמַּרְנָה · מִתְמַכְּרִים ׃

To sell one's self. He kept himself. We shall hide ourselves. She is keeping herself. You are selling yourselves.

NOTES ON THE REGULAR VERBS.

1.—Kal. In the past tense the second radical is sometimes pointed with (..) and sometimes ֹ as חָפֵץ to delight and יָכוֹל to be able.

2.—In the past tense second person sing. fem. and in the participle sing. mas. the third radical, if ח or ע, is pointed with (-) as זוֹבֵחַ, שָׁמַעַתְּ לָקַחַתְּ. The second radical of the participle is sometimes pointed with (-) as שׁוֹסַע.

3.—In the future tense and in the infinitive and imperative moods, the second radical has (-) instead of ֹ as שְׁכַב, אֶשְׁכַּב; this mostly occurs if the second or third radical be ח or ע as יִבְעַל, יִשְׂמַח.

4.—ן י ה are sometimes added to verbs without changing their meaning; ה to the future tense and imperative mood, י to the participle masculine singular, and ן to the future: as אֶזְכְּרָה for אֶזְכּוֹר, שָׁמְרָה for שְׁמוֹר, שׁוֹכְנִי for שׁוֹכֵן, יִקְרָבוּן for יִקְרְבוּ.

5.—The prefixes of the future are pointed with (-) or (ֵ)

before אהחע, and the (:) of the first radical is changed to (-:) or (ֳ), יֶחֱרַץ, תַּחֲבוּל.

6.—Niphal. The infinitive sometimes has נ prefixed instead of ה, as נִלְחוֹם.

7.—The נ prefixed to the past tense is pointed with (ָ) before אהחע, as נֶחֱרַב.

8.—Pignel. The second radical past tense has sometimes (-), as אִבַּד for אִבֵּד.

9.—Hiphgnel. The second radical in the future tense is sometimes pointed with (··) instead of (.), as יַכְרֵת for יַכְרִית.

10.—Hithpagnel. The ת is sometimes omitted, and a dagesh placed in the first radical, as מִדַּבֵּר for מִתְדַּבֵּר.

IRREGULAR VERBS.

Verbs are irregular when their first radical is נ, when any of the silent letters י ו ה א forms parts of their root, and when the second and third radicals are alike; if of the first class, they are called defective, of the second quiescent, and of the third double: as, נָגַשׁ is defective, קוּם quiescent, and סָבַב double.

Exercise.

Say to what class the following verbs belong:

שׁוּב קָלַל נָגַף בּוֹן פָּנָה אָכַל יָרַד

DEFECTIVE VERBS.

Defective verbs are principally known by having the נ omitted and a dagesh in the letter following the prefix, in the future of the Kal, in the past tense and participle of the Niphgnal, and in all the Hiphgnel and Hophgnal: as Kal יִגַּשׁ for יִנְגַּשׁ, Niphgnal נִגַּשׁ for נִנְגַּשׁ, Hiphgnel הִגִּישׁ for הִנְגִּישׁ, and Hophgnal הֻגַּשׁ for הֻנְגַּשׁ; the נ is also omitted in the imperative of the קַל, as גַּשׁ for נְגַשׁ; and sometimes in the infinitive, the latter having ת affixed, as גֶּשֶׁת; the other parts of the verb are regular and conjugated like פָּקַד.

Example of a Defective Verb, נָגַשׁ he approached.

It being presumed that the prefixes and affixes for the pronouns are thoroughly understood, the examples of the irregular verbs are given without the English.

Kal.

Past Tense regular.

Future Tense אֶגַּשׁ תִּגַּשׁ תִּגְּשִׁי יִגַּשׁ תִּגַּשׁ נִגַּשׁ תִּגְּשׁוּ
תִּגַּשְׁנָה יִגְּשׁוּ תִּגַּשְׁנָה

Imperative.

גַּשׁ or גְּשׁ גְּשִׁי גְּשׁוּ גַּשְׁנָה or גֶּשְׁנָה

Infinitive.

נְגשׁ גֶּשֶׁת

Participles regular.

Niphgnal.

Past Tense נִגַּשְׁתִּי נִגַּשְׁתָּ נִגַּשְׁתְּ נִגַּשׁ נִגְּשָׁה נִגַּשְׁנוּ נִגַּשְׁתֶּם
נִגַּשְׁתֶּן נִגְּשׁוּ

Future, Imperative, and Infinitive regular.

Participle.

נִגָּשׁ נִגָּשָׁה נִגָּשִׁים נִגָּשׁוֹת

PIGNEL and PUGNAL regular.

HIPHGNEL.

Past Tense הִגַּשְׁתִּי הִגַּשְׁתָּ הִגַּשְׁתְּ הִגִּישׁ הִגִּישָׁה הִגַּשְׁנוּ
הִגַּשְׁתֶּם הִגַּשְׁתֶּן הִגִּישׁוּ

Future אַגִּישׁ תַּגִּישׁ תַּגִּישִׁי יַגִּישׁ תַּגִּישׁ נַגִּישׁ תַּגִּישׁוּ תַּגֵּשְׁנָה
יַגִּישׁוּ תַּגֵּשְׁנָה

Imperative.

הַגֵּשׁ הַגִּישִׁי הַגִּישׁוּ הַגֵּשְׁנָה

Infinitive.

הַגִּישׁ

Participle Active.

מַגִּישׁ מַגִּישָׁה מַגִּישִׁים מַגִּישׁוֹת

Participle Passive.

מֻגָּשׁ מֻגָּשָׁה מֻגָּשִׁים מֻגָּשׁוֹת

HOPHGNAL.

Past Tense הֻגַּשְׁתִּי הֻגַּשְׁתָּ הֻגַּשְׁתְּ הֻגַּשׁ הֻגְּשָׁה הֻגַּשְׁנוּ הֻגַּשְׁתֶּם
הֻגַּשְׁתֶּן הֻגְּשׁוּ

Future Tense אֻגַּשׁ תֻּגַּשׁ תֻּגְּשִׁי יֻגַּשׁ תֻּגַּשׁ נֻגַּשׁ תֻּגְּשׁוּ
תֻּגַּשְׁנָה יֻגְּשׁוּ תֻּגַּשְׁנָה

Infinitive.

הֻגַּשׁ

Participle.

הֻגָּשׁ הֻגָּשָׁה הֻגָּשִׁים הֻגָּשׁוֹת

HITHPAGNEL regular.

Note 1.—The נ is retained if the second radical of the verb be א ה ח ע (which cannot take a dagesh), as יִנְאַץ from נָאַץ, יִנְהַק from נָהַק, תִּנְחַת from נָחַת, יִנְעַם from נָעַם.

2.—The infinitive of verbs having ע third radical is sometimes pointed with (-) (-), as גַּעַת from נָגַע.

EXERCISE.

Give נָגַשׁ with the affixes תָ, נוּ and תֶּם, in all the active forms, *viz.* Kal, Pignel, and Hiphgnel, and in the second and third persons, future of all the passive forms; *viz.* Niphgnal, Pugnal, and Hophgnal; give also נָצַל *he delivered*, with the pronouns *I*, *thou*, *he*, past tense of all the regular forms, and נָקַם *he avenged*, with *we*, *you*, *they*, of all the irregular forms.

Quiescent Verbs having א *for their first Radical.*

Verbs, whose first radical is א, which, on account of being a guttural does not admit of a dagesh or a single sheva, have the prefixes and the letter following the prefixes, pointed differently from the regular verbs, in all forms except the Pignel, Pugnal, and Hithpagnel; as Kal יֹאכַל, Niphgnal יֵאָכֵל, Hiphgnel יַאֲכִיל, Hophgnal יָאֳכַל.

Example of a Quiescent Verb with א *for its first Radical.*

אָכַל he ate.

KAL.

Past Tense regular.

אֹכַל תֹּאכַל תֹּאכְלִי יֹאכַל תֹּאכַל נֹאכַל תֹּאכְלוּ Future Tense
תֹּאכַלְנָה יֹאכְלוּ תֹּאכַלְנָה

Imperative אֱכוֹל, Infinitive and Participles regular.

Niphgnal.

Past Tense נֶאֱכַלְתִּי נֶאֱכַלְתָּ נֶאֱכַלְתְּ נֶאֱכַל נֶאֶכְלָה נֶאֱכַלְנוּ
נֶאֱכַלְתֶּם נֶאֱכַלְתֶּן נֶאֶכְלוּ

Future Tense אֵאָכֵל תֵּאָכֵל תֵּאָכְלִי יֵאָכֵל תֵּאָכֵל נֵאָכֵל
תֵּאָכְלוּ תֵּאָכַלְנָה יֵאָכְלוּ תֵּאָכַלְנָה

Imperative.

הֵאָכֵל הֵאָכְלִי הֵאָכְלוּ הֵאָכַלְנָה

Infinitive.

הֵאָכֵל

Participle.

נֶאֱכָל נֶאֱכָלָה נֶאֱכָלִים נֶאֱכָלוֹת

Pignel and Pugnal regular.

Hiphgnel.

Past Tense הֶאֱכַלְתִּי הֶאֱכַלְתָּ הֶאֱכַלְתְּ הֶאֱכִיל הֶאֱכִילָה הֶאֱכַלְנוּ
הֶאֱכַלְתֶּם הֶאֱכַלְתֶּן הֶאֱכִילוּ

Future Tense אַאֲכִיל תַּאֲכִיל תַּאֲכִילִי יַאֲכִיל תַּאֲכִיל נַאֲכִיל
תַּאֲכִילוּ תַּאֲכֵלְנָה יַאֲכִילוּ תַּאֲכֵלְנָה

Imperative.

הַאֲכֵל הַאֲכִילִי הַאֲכִילוּ הַאֲכֵלְנָה

Infinitive.

הַאֲכִיל

Participle Active.

מַאֲכִיל מַאֲכִילָה מַאֲכִילִים מַאֲכִילוֹת

Participle Passive.

מָאֳכָל מָאֳכָלָה מָאֳכָלִים מָאֳכָלוֹת

Hophgnal.

Past Tonse הָאֳכַלְתִּי הָאֳכַלְתָּ הָאֳכַלְתְּ הָאֳכַל הָאָכְלָה הָאֳכַלְנוּ
הָאֳכַלְתֶּם הָאֳכַלְתֶּן הָאָכְלוּ

Future Tense אָאֳכַל תָּאֳכַל תָּאָכְלִי יָאֳכַל תָּאֳכַל נָאֳכַל
תָּאָכְלוּ תָּאֳכַלְנָה יָאָכְלוּ תָּאֳכַלְנָה

Infinitive.

הָאֳכֵל

Participle.

הָאֳכַל הָאֳכָלָה הָאֳכָלִים הָאֳכָלוֹת

HITHPAGNEL regular throughout.

EXERCISE.

Give אָכַל with the prefixes נ and ת in the future of the regular forms, and with the affixes תָּ and תֶּם in the past tense of the Kal, Niphgnal, and Hophgnal; and say what part of the verb are the following words :—

הָאֳכֵל נֹאכַל אֱכוֹל מַאֲכִיל אֹכַלְתֶּם אִכְלוּ מִתְאַכֵּל :

Give the verb אָמַר *he said*, with the pronouns, *I*, *she*, *it* (*m.*), in the past tense of the active causative form ; and אָסַף *he gathered*, with *thou* (*m.*), and *you* (*f.*) in the imperative of the Pignel, Niphgnal, and Hithpagnel.

Quiescent Verbs having א *for their last Radical.*

Verbs whose last radical is א have their second radical pointed differently from the regular verbs, and the א in most persons without a point : as נִמְצָאנוּ מָצָאתִי.

Example of a Quiescent Verb with א *for its last Radical.*

מָצָא he found.

KAL.

Past Tense מָצָאתִי מָצָאתָ מָצָאת מָצָא מָצְאָה מָצָאנוּ
מְצָאתֶם מְצָאתֶן מָצְאוּ

Future Tense אֶמְצָא תִּמְצָא תִּמְצְאִי יִמְצָא תִּמְצָא נִמְצָא
תִּמְצְאוּ תִּמְצֶאנָה יִמְצְאוּ תִּמְצֶאנָה

Imperative.

מְצָא מִצְאִי מִצְאוּ מְצֶאנָה

Infinitive and Participles regular, except in the third person singular feminine of the active, thus מוֹצֵאת, not מוֹצֶאֶת.

Niphgnal.

Past Tense נִמְצֵאתִי נִמְצֵאתָ נִמְצֵאת נִמְצָא נִמְצְאָה
נִמְצֵאנוּ נִמְצֵאתֶם נִמְצֵאתֶן נִמְצְאוּ

Future and Imperative regular, except before the affix נָה : as future תִּמָּצֶאנָה ; imperative הִמָּצֶאנָה. Infinitive and participle also regular.

Pignel.

Past Tense מִצֵּאתִי מִצֵּאתָ מִצֵּאת מִצֵּא מִצְּאָה מִצֵּאנוּ
מִצֵּאתֶם מִצֵּאתֶן מִצְּאוּ

Future and Imperative regular, except before the affix נָה : as Future תְּמַצֶּאנָה; Imperative מַצֶּאנָה ; Infinitive and Participle also regular.

Pugnal.

Past Tense מֻצֵּאתִי מֻצֵּאתָ מֻצֵּאת מֻצָּא מֻצְּאָה מֻצֵּאנוּ
מֻצֵּאתֶם מֻצֵּאתֶן מֻצְּאוּ

Future Tense אֲמֻצָּא תְּמֻצָּא תְּמֻצָּא תְּמֻצְּאִי יְמֻצָּא תְּמֻצָּא נְמֻצָּא
תְּמֻצְּאוּ תְּמֻצֶּאנָה יְמֻצְּאוּ תְּמֻצֶּאנָה

Infinitive and Participle regular.

Hiphgnel.

Past Tense הִמְצֵאתִי הִמְצֵאתָ הִמְצֵאת הִמְצִיא הִמְצִיאָה
הִמְצֵאנוּ הִמְצֵאתֶם הִמְצֵאתֶן הִמְצִיאוּ

Future Tense אַמְצִיא תַּמְצִיא תַּמְצִיאִי יַמְצִיא תַּמְצִיא
נַמְצִיא תַּמְצִיאוּ תַּמְצֶאנָה יַמְצִיאוּ תַּמְצֶאנָה

Imperative.

הַמְצִיא הַמְצִיאִי הַמְצִיאוּ הַמְצֶאנָה

Infinitive and Participles regular.

Hophgnal.

Past Tense הָמְצֵאתִי הָמְצֵאתָ הָמְצֵאת הָמְצָא הָמְצְאָה
הָמְצֵאנוּ הָמְצֵאתֶם הָמְצֵאתֶן הָמְצְאוּ

Future Tense אָמְצָא תָּמְצָא תָּמְצְאִי יָמְצָא תָּמְצָא נָמְצָא
תָּמְצְאוּ תָּמְצֶאנָה יָמְצְאוּ תָּמְצֶאנָה

Infinitive.

הָמְצָא

Participle.

הָמְצָא הָמְצָאָה הָמְצָאִים הָמְצָאוֹת

Hithpagnel

Past Tense הִתְמַצֵּאתִי הִתְמַצֵּאתָ הִתְמַצֵּאת הִתְמַצֵּא הִתְמַצְּאָה
הִתְמַצֵּאנוּ הִתְמַצֵּאתֶם הִתְמַצֵּאתֶן הִתְמַצְּאוּ

Note 1.—Verbs having the second letter of the root pointed with (ֵ) retain the (ֵ), thus שָׂנֵאתִי from שָׂנֵא.

2.—Some verbs end in ת in the infinitive mood, as מְלֹאת from מָלֵא.

Exercise.

Give מָצָא in the second person feminine plural of the future in all the forms; in all the first persons of the reflective form; and in the infinitive and participle of all the passive forms. Give also the verb בָּרָא *he created*, with the pronouns *I*, *thou* (m.), and *she* in the future of the Niphgnal; and קָרָא *he called*, with the pronouns *we* and *they*, in the past tense o the Kal and Niphgnal.

Quiescent Verbs having ה for their last radical.

Quiescent verbs with ה for their last radical have the ה omitted or changed into ת or י in some parts of every form; omitted in the past tense third person plural, as נִגְלוּ ,גָּלוּ; in the future and imperative before the affix וּ or ִי as תִּגְלִי ,יִגְלוּ ,יִגָּלוּ ;תִּגָּלִי ,הִגָּלִי ,גְּלִי ;גְּלוּ ,הִגָּלוּ, and in the participles (except in the masculine singular), as גֹּלוֹת ,גֹּלִים ,גֹּלָה ,נִגְלוֹת ,נִגְלִים ,נִגְלָה. It is changed into ת in the past tense third person feminine singular, as נִגְלְתָה ,גָּלְתָה; and into י in the past tense first and second persons singular and plural: as נִגְלֵיתִי ,גָּלִיתִי first person singular, נִגְלֵינוּ ,גָּלִינוּ first person plural, נִגְלֵיתָ ,גָּלִיתָ second person singular, נִגְלֵיתֶם ,גְּלִיתֶם second person plural, in the future and imperative before the affix נָה, as הִגָּלֶינָה ,גְּלֶינָה imperative, תִּגָּלֶינָה ,תִּגְלֶינָה future and also in the passive participle of the Kal, as גָּלוּי. The ה sometimes remains in the infinitive, and sometimes is changed into ת, as גְּלוֹת ,גָּלֹה.

Example of a Quiescent Verb with ה for its last Radical.

גָּלָה he revealed.

KAL.

גְּלִיתֶם גָּלִינוּ גָּלְתָה גָּלָה גָּלִית גָּלִיתָ גָּלִיתִי Past Tense
גְּלִיתֶן גָּלוּ

תִּגְלוּ נִגְלֶה תִּגְלֶה יִגְלֶה תִּגְלִי תִּגְלֶה אֶגְלֶה Future Tense
תִּגְלֶינָה יִגְלוּ תִּגְלֶינָה

Imperative.

גְּלֶה גְּלִי גְּלוּ - גְּלֶינָה

Infinitive.

גְּלוֹת גָּלֹה

Participle Active.

גֹּלֶה גֹּלָה גֹּלִים גֹּלוֹת

Participle Passive.

גָּלוּי גְּלוּיָה גְּלוּיִים גְּלוּיוֹת

NIPHGNAL.

Past Tense נִגְלֵיתִי נִגְלֵיתָ נִגְלֵית נִגְלָה נִגְלְתָה נִגְלִינוּ
נִגְלֵיתֶם נִגְלֵיתֶן נִגְלוּ

Future Tense אֶגָּלֶה תִּגָּלֶה תִּגָּלִי יִגָּלֶה תִּגָּלֶה נִגָּלֶה
תִּגָּלוּ תִּגָּלֶינָה יִגָּלוּ תִּגָּלֶינָה

Imperative.

הִגָּלֵה הִגָּלִי הִגָּלוּ הִגָּלֶינָה

Infinitive.

הִגָּלוֹת הִגָּלֵה נִגְלֹה

Participle.

נִגְלֶה נִגְלָה נִגְלִים נִגְלוֹת

PIGNEL.

Past Tense גִּלִּיתִי גִּלִּיתָ גִּלִּית גִּלָּה גִּלְּתָה גִּלִּינוּ גִּלִּיתֶם
גִּלִּיתֶן גִּלּוּ

Future Tense אֲגַלֶּה תְּגַלֶּה תְּגַלִּי יְגַלֶּה תְּגַלֶּה נְגַלֶּה
תְּגַלּוּ תְּגַלֶּינָה יְגַלּוּ תְּגַלֶּינָה

Imperative.

גַּלֵּה גַּלִּי גַּלּוּ גַּלֶּינָה

Infinitive.

גַּלּוֹת גַּלֵּה גַּלֹּה

Participle Active.

מְגַלֶּה מְגַלָּה מְגַלִּים מְגַלּוֹת

Participle Passive.

מְגֻלֶּה מְגֻלָּה מְגֻלִּים מְגֻלּוֹת

PUGNAL.

Past Tenso גֻּלֵּיתִי גֻּלֵּיתָ גֻּלֵּית גֻּלָּה גֻּלְּתָה גֻּלֵּינוּ גֻּלֵּיתֶם
גֻּלֵּיתֶין גֻּלּוּ

Future Tense אֲגֻלֶּה תְּגֻלֶּה תְּגֻלִּי יְגֻלֶּה תְּגֻלֶּה נְגֻלֶּה תְּגֻלּוּ
תְּגֻלֶּינָה יְגֻלּוּ תְּגֻלֶּינָה

Infinitive.

גֻּלּוֹת גֻּלֹּה

Participle.

גֻּלֶּה גֻּלָּה גֻּלִּים גֻּלּוֹת

HIPHGNEL.

Past Tense הִגְלֵיתִי הִגְלֵיתָ הִגְלֵית הִגְלָה הִגְלְתָה הִגְלֵינוּ
הִגְלֵיתֶם הִגְלֵיתֶן הִגְלוּ

Future Tense אַגְלֶה תַּגְלֶה תַּגְלִי יַגְלֶה תַּגְלֶה נַגְלֶה תַּגְלוּ
תַּגְלֶינָה יַגְלוּ תַּגְלֶינָה

Imperative.

הַגְלֵה הַגְלִי הַגְלוּ הַגְלֶינָה

Infinitive.

הַגְלוֹת הַגְלֵה

Participle Active.

מַגְלֶה מַגְלָה מַגְלִים מַגְלוֹת

Participle Passive.

מָגְלֶה מָגְלָה מָגְלִים מָגְלוֹת

Hophgnal.

Past Tense הָגְלֵיתִי הָגְלֵיתָ הָגְלֵית הָגְלָה הָגְלְתָה הָגְלֵינוּ
הָגְלֵיתֶם הָגְלֵיתֶן הָגְלוּ

Future Tense אָגְלֶה תָּגְלֶה תָּגְלִי יָגְלֶה תָּגְלֶה נָגְלֶה תָּגְלוּ
תָּגְלֶינָה יָגְלוּ תָּגְלֶינָה

Infinitive.

הָגְלוֹת הָגְלֵה

Participle.

הָגְלֶה הָגְלָה הָגְלִים הָגְלוֹת

Hithpagnel.

Past Tense הִתְגַּלֵּיתִי הִתְגַּלֵּיתָ הִתְגַּלֵּית הִתְגַּלָּה הִתְגַּלְּתָה
הִתְגַּלֵּינוּ הִתְגַּלֵּיתֶם הִתְגַּלֵּיתֶן הִתְגַּלּוּ

Future Tense אֶתְגַּלֶּה תִּתְגַּלֶּה תִּתְגַּלִּי יִתְגַּלֶּה תִּתְגַּלֶּה
נִתְגַּלֶּה תִּתְגַּלּוּ תִּתְגַּלֶּינָה יִתְגַּלּוּ תִּתְגַּלֶּינָה

Imperative.

הִתְגַּלֶּה הִתְגַּלִּי הִתְגַּלּוּ הִתְגַּלֶּינָה

Infinitive.

הִתְגַּלּוֹת הִתְגַּלֵּה

Participle.

מִתְגַּלֶּה מִתְגַּלָּה מִתְגַּלִּים מִתְגַּלּוֹת

Note 1.—The future and imperative are sometimes shortened, as וַיִּגֶל for וַיִּגְלֶה, תֵּפֶן for תִּפְנֶה, צַו for צַוֵּה.

2.—Verbs ending in ה with mappik, are mostly conjugated like regular verbs, as נָבְהוּ, נָבַהּ.

3.—The second radical sometimes has (ֵ) instead of (ִ) as צִוֵּיתִי for צִוִּיתִי.

Exercise.

Give גָּלָה with the affixes וּ, ־ָה, and נוּ, in the past tense, and with the prefixes י and נ in the future tense of every form.

Give also פָּנָה *he turned*, with the pronouns *I*, *thou* (m.), and *you* (f.), in the past tense of the active forms; פָּדָה *he redeemed*, with *thou* (f.) and *she* in the future tense of the causative forms; and רָפָה *he was idle*, with *thou* (m.), and *you* (f.) in the imperative of the active forms.

Say to what part of the verb the following words belong:—

מְגַלָּה הִגָּלוֹת פְּדֵה פְּנוֹת וַתֵּפֶן יַרְפֶּה

תְּגַלֶּינָה נִרְפִּים הַפְּדוֹת יִפָּדֶה פְּנִיתֶם פָּדִית

Quiescent Verbs having ו *for their second radical.*

Quiescent verbs with ו for the second radical, have the ו omitted, the third radical doubled, and the prefixes differently pointed from the regular verbs; the ו is omitted in the past tense and active participle of the Kal, and in all the Hiphguel and Hophgnal: as קָם, הֵקִים, הוּקַם; the third radical is doubled in the Pignel, Pugnal, and Hithpagnel, as קוֹמֵם, קוֹמַם, הִתְקוֹמֵם; and the prefixes of the future of the Kal, the prefix נ (sign of the Niphgnal), and all the prefixes of the Hiphgnel and Hophgnal are irregularly pointed: as יָסוּם, נָקוֹם, הֵקִים, הוּקַם.

Example of a Quiescent Verb having ו *for its second Radical.*

קוּם to rise.

KAL.

Past Tense קַמְתִּי קַמְתָּ קַמְתְּ קָם קָמָה קַמְנוּ קַמְתֶּם

קַמְתֶּן קָמוּ

Future Tense אָקוּם תָּקוּם תָּקוּמִי יָקוּם תָּקוּם נָקוּם
תָּקוּמוּ תָּקֹמְנָה or תְּקוּמֶינָה יָקוּמוּ תָּקֹמְנָה or תְּקוּמֶינָה

Imperative.

קוּם קוּמִי קוּמוּ קֹמְנָה

Infinitive.

קוּם

Participle Active.

קָם קָמָה קָמִים קָמוֹת

Participle Passsive.

קוּם קוּמָה קוּמִים קוּמוֹת

Niphgnal.

Past Tense נְקוּמֹתִי נְקוּמֹתָ נְקוּמֹת נָקוֹם נָקוֹמָה נְקוּמֹנוּ
נְקוּמֹתֶם נְקוּמֹתֶן נָקוֹמוּ

Future Tense אֶקּוֹם תִּקּוֹם תִּקּוֹמִי יִקּוֹם תִּקּוֹם נִקּוֹם
תִּקּוֹמוּ תִּקּוֹמְנָה יִקּוֹמוּ תִּקּוֹמְנָה

Imperative.

הִקּוֹם הִקּוֹמִי הִקּוֹמוּ הִקּוֹמְנָה

Infinitive.

הִקּוֹם

Participle.

נָקוֹם נְקוֹמָה נְקוֹמִים נְקוֹמוֹת

Pignel.

Past Tense קוֹמַמְתִּי קוֹמַמְתָּ קוֹמַמְתְּ קוֹמֵם קוֹמְמָה קוֹמַמְנוּ
כּוֹמַמְתֶּם קוֹמַמְתֶּן קוֹמְמוּ

AND READING BOOK. 89

Future Tense אֲקוֹמֵם תְּקוֹמֵם תְּקוֹמְמִי יְקוֹמֵם תְּקוֹמֵם
נְקוֹמֵם תְּקוֹמְמוּ תְּקוֹמֵמְנָה יְקוֹמְמוּ תְּקוֹמֵמְנָה

Imperative.

קוֹמֵם קוֹמְמִי קוֹמְמוּ קוֹמֵמְנָה

Infinitive.

קוֹמֵם

Participle Active.

מְקוֹמֵם מְקוֹמְמָה מְקוֹמְמִים מְקוֹמְמוֹת

Participle Passive.

מְקוֹמָם מְקוֹמָמָה מְקוֹמָמִים מְקוֹמָמוֹת

PUGNAL like PIGNEL by substituting (-) for (-), as קוֹמַם for קוֹמֵם, אֲקוֹמַם for אֲקוֹמֵם.

HIPHGNEL.

Past Tense הֲקִימוֹתִי הֲקִימוֹתָ הֲקִימוֹת הֵקִים הֵקִימָה הֲקִימוֹנוּ
הֲקִימוֹתֶם הֲקִימוֹתֶן הֵקִימוּ

Future Tense אָקִים תָּקִים תָּקִימִי יָקִים תָּקִים נָקִים
תָּקִימוּ תְּקִימֶינָה יָקִימוּ תָּקֵמְנָה

Imperative.

הָקֵם הָקִימִי הָקִימוּ הָקֵמְנָה

Infinitive.

הָקִים and הָקֵם

Participle Active.

מֵקִים מְקִימָה מְקִימִים מְקִימוֹת

Participle Passive.

מוּקָם מוּקָמָה מוּקָמִים מוּקָמוֹת

Hophgnal.

Past tense הוּקַמְתִּי הוּקַמְתָּ הוּקַמְתְּ הוּקַם הוּקְמָה הוּקַמְנוּ
הוּקַמְתֶּם הוּקַמְתֶּן הוּקְמוּ

Future Tense אוּקַם תּוּקַם תּוּקְמִי יוּקַם תּוּקַם נוּקַם
תּוּקְמוּ תּוּקַמְנָה יוּקְמוּ תּוּקַמְנָה

Infinitive.

הוּקַם

Participle.

הוּקָם הוּקָמָה הוּקָמִים הוּקָמוֹת

Hithpagnel.

Past Tense like the Pignel with הת prefixed: as קוֹמַמְתִּי Pignel; הִתְקוֹמַמְתִּי Hithpagnel.

Future Tense אֶתְקוֹמֵם תִּתְקוֹמֵם תִּתְקוֹמְמִי יִתְקוֹמֵם תִּתְקוֹמֵם
נִתְקוֹמֵם תִּתְקוֹמְמוּ תִּתְקוֹמֵמְנָה יִתְקוֹמְמוּ תִּתְקוֹמֵמְנָה

Imperative and Infinitive.

הִתְקוֹמֵם

Participle.

מִתְקוֹמֵם מִתְקוֹמְמָה מִתְקוֹמְמִים מִתְקוֹמְמוֹת

Note 1.—Some verbs quiescent in ו have (◌ֵ) in the third person past tense and active participle, instead of (◌ָ), as מֵתִים, מֵת, מֵת; others have ◌ֹ in all the past tense, as בּוֹשְׁתִּי, בּוֹשְׁנוּ.

2.—In some verbs the first radical in the future and infinitive of Kal has וֹ instead of וּ, as יָמוֹת, שׁוֹב.

3.—When the future of the Kal or of the Hiphgnel has ו prefixed, the first radical has a different point, as וַיָּקָם for יָקוּם, Kal; וַיָּקֶם for יָקִים, Hiphgnel.

4.—Some verbs having ו for the second radical are conjugated regularly, as גָּוַע, others having ה for their last radical, are conjugated like גָּלָה. not like קוּם: as קִוִּיתִי from קָוָה.

5.—The ה of the Hiphgnel is pointed (-), if the first radical be a guttural, as הֵעִירוֹתִי.

Exercise.

Give קוּם in the past tense, with תָּ and ־ָה, affixed in all the forms where ו is omitted; with תֶּן and תִּי where the last radical is doubled, and in the future with the prefixes י and נ in all the passive forms.

Give also שׁוּב *to return*, with the pronouns *I*, *she*, and *it* (*m.*), in the past tense of the active forms; סוּר, *to depart*, with *you* and *it* (*f.*) in the future tense of the passive forms; and רוּם, *to exalt*, with *thou* (*m.*) and *ye* (*f.*) in the imperative mood of the active forms.

Say in what form and in what part of each form are the following:—

וַיָּשָׁב מַתוּ שׁוֹבֵב מְרוֹמֵם מְרִימָה וַיָּשֶׁב
הִסְתּוֹרַרְתֶּם נָקוֹם נְקוֹמוֹנוּ הֵרִים תָּמוּת
קָם רוֹמְמוּ:

Quiescent Verbs having י *for their first Radical.*

Quiescent verbs with י first radical have the י omitted, or changed into ו; omitted in the future and imperative (and sometimes in the infinitive) of Kal; changed into ו in the Niphgnal, Hiphgnel and Hophgnal, as אֵשֵׁב Kal; אִוָּשֵׁב, Niphgnal; אוֹשִׁיב Hiphgnel; and אוּשַׁב Hophgnal from יָשַׁב.

Example of a Quiescent Verb with י *for its first Radical.*

יָשַׁב he sat.

Kal.

Past tense regular.

Future Tense אֵשֵׁב תֵּשֵׁב תֵּשְׁבִי יֵשֵׁב תֵּשֵׁב נֵשֵׁב תֵּשְׁבוּ
תֵּשַׁבְנָה יֵשְׁבוּ תֵּשַׁבְנָה

Imperative.

שֵׁב שְׁבִי שְׁבוּ שֵׁבְנָה

Infinitive.

שֶׁבֶת יָשֹׁב

Participles regular.

Niphgnal.

Past Tense נוֹשַׁבְתִּי נוֹשַׁבְתָּ נוֹשַׁבְתְּ נוֹשַׁב נוֹשְׁבָה נוֹשַׁבְנוּ
נוֹשַׁבְתֶּם נוֹשַׁבְתֶּן נוֹשְׁבוּ

Future Tense אִוָּשֵׁב תִּוָּשֵׁב תִּוָּשְׁבִי יִוָּשֵׁב תִּוָּשֵׁב נִוָּשֵׁב
תִּוָּשְׁבוּ תִּוָּשַׁבְנָה יִוָּשְׁבוּ תִּוָּשַׁבְנָה

Imperative.

הִוָּשֵׁב הִוָּשְׁבִי הִוָּשְׁבוּ הִוָּשַׁבְנָה

Infinitive.

הִוָּשֵׁב

Participle.

נוֹשָׁב נוֹשָׁבָה נוֹשֶׁבֶת—נוֹשָׁבִים נוֹשָׁבוֹת

Pignel and Pugnal regular.

Hiphgnel.

Past Tense הוֹשַׁבְתִּי הוֹשַׁבְתָּ הוֹשַׁבְתְּ הוֹשִׁיב הוֹשִׁיבָה הוֹשַׁבְנוּ
הוֹשַׁבְתֶּם הוֹשַׁבְתֶּן הוֹשִׁיבוּ

Future Tense אוֹשִׁיב תּוֹשִׁיב תּוֹשִׁיבִי יוֹשִׁיב תּוֹשִׁיב נוֹשִׁיב
תּוֹשִׁיבוּ תּוֹשֵׁבְנָה יוֹשִׁיבוּ תּוֹשֵׁבְנָה

Imperative.

הוֹשֵׁב הוֹשִׁיבִי הוֹשִׁיבוּ הוֹשֵׁבְנָה

Infinitive.

הוֹשִׁיב

Participle Active.

מוֹשִׁיב מוֹשִׁיבָה מוֹשֶׁבֶת כוֹשִׁיבִים מוֹשִׁיבוֹת

Participle Passsive.

מוּשָׁב מוּשָׁבָה מוּשָׁבִים מוּשָׁבוֹת

Hophgnal.

Past Tense הוּשַׁבְתִּי הוּשַׁבְתָּ הוּשַׁבְתְּ הוּשַׁב הוּשְׁבָה הוּשַׁבְנוּ
הוּשַׁבְתֶּם הוּשַׁבְתֶּן הוּשְׁבוּ

Future Tense אוּשַׁב תּוּשַׁב תּוּשְׁבִי יוּשַׁב תּוּשַׁב נוּשַׁב
תּוּשְׁבוּ תּוּשַׁבְנָה יוּשְׁבוּ תּוּשַׁבְנָה

Infinitive.

הוּשַׁב

Participle.

הוּשָׁב הוּשָׁבָה הוּשָׁבִים הוּשָׁבוֹת

Hithpagnel regular.

Note I.—Some verbs with ' first radical, have the prefixes of future of the Kal, pointed with יֵ, and the second radical with (-) as אֵינַק.

2.—When ו is prefixed to the future of the Kal, the second radical takes (ֵ) instead of (ִ), as וַתֵּשֶׁב for וַתֵּשֵׁב.

3.—When the infinitive is joined to the past or future tense, it is regular, as יָשֹׁב אֵשֵׁב.

4.—Verbs, whose prefixes in the Kal have יִ, as יִינַק, אִינַק, have their prefixes in the Hiphgnel pointed with (ֵ), followed by י, as הֵינִיק, אֵינִיק.

5.—ו prefixed to the future of the Hiphgnel, changes the יִ of the second radical into (ֶ), as וַיּוֹלֶד for וַיּוֹלִיד.

6.—Some verbs in the Hithpagnel change the י into ו, as אֶתְוַדֶּה from יָדָה.

7.—The verbs יָקַף and יָנַח, יָצַת, יָצַר, יָצַק, יָצַע, יָצַג, יָצַב, are conjugated like defective verbs, הִצִּיג from יָצַג, יַצִּיב from יָצַב.

Exercise.

Give יָשַׁב in the first person, singular and plural, past tense of all the regular forms; in the second person masculine and feminine plural, future tense of all the irregular forms; and in the second person masculine imperative of the active forms.

Give also יָצַג, *he stood firmly*, with the pronoun *you* (*f.*) in the imperative mood of the causative form; יָסַד, *he founded*, with *I*, *we*, and *they*, in the past tense of the Kal, Niphgnal, and Hophgnal; and יָרַשׁ *he possessed*, in the infinitive and participle of the Kal, Niphgnal, and Hiphgnel.

Say to what part of the verb the following words belong:—

הֵינִיקָה הוּשַׁבְתֶּם הֻשֵּׁב מוֹרִיד וַיֵּרֶד רֶשֶׁת

הוֹרִישׁ אִינַק נוֹסַר הוּרַדְנוּ הֵיטִיבוּ :

Verbs having the second and third Radicals alike.

Verbs, whose second and third radicals are alike, have the third radical omitted and a dagesh in the second radical (when having a point) in all parts of the Kal, except the participles; and in all the Niphgnal, Hiphgnel, and Hophgnal; as Kal סַב, Niph. נָסַב, Hiph. הֵסֵב, Hoph. הוּסַב, from סָבַב; the prefixes are pointed irregularly in the future of the Kal, in the past tense and participle of the Niphgnal, and in all the Hiphgnel and Hophgnal, as Kal יָסֹב, Niph. נָסַב, Hiph. יָסֵב, Hoph. יוּסַב.

Example of a Verb having the second and third radicals alike.

סָבַב he surrounded.

KAL.

Past Tense סַבּוֹתִי סַבּוֹתָ סַבּוֹת סַב סַבָּה סַבּוֹנוּ סַבּוֹתֶם
סַבּוֹתֶן סַבּוּ

Future Tense אָסֹב תָּסֹב תָּסֹבִּי יָסֹב תָּסֹב נָסֹב תָּסֹבּוּ
תְּסֻבֶּינָה יְסֹבּוּ תְּסֻבֶּינָה

Imperative.

סֹב סֹבִּי סֹבּוּ סֻבֶּינָה

Infinitive.

סֹב or סָבוֹב

Participles regular.

NIPHGNAL.

Past Tense נְסַבּוֹתִי נְסַבּוֹתָ נְסַבּוֹת נָסַב נָסַבָּה נְסַבּוֹנוּ
נְסַבּוֹתֶם נְסַבּוֹתֶן נָסַבּוּ

Future Tense אֶסַּב תִּסַּב תִּסַּבִּי יִסַּב תִּסַּב נִסַּב תִּסַּבּוּ
תִּסַּבֶּינָה יִסַּבּוּ תִּסַּבֶּינָה

Imperative.

הִסַּב הִסַּבִּי הִסַּבּוּ הִסַּבֶּינָה

Infinitive.

הִסַּב

Participle.

נָסָב נְסַבָּה נְסַבִּים נְסַבּוֹת

Pignel.

Past Tense סוֹבַבְתִּי סוֹבַבְתָּ סוֹבַבְתְּ סוֹבֵב סוֹבְבָה סוֹבַבְנוּ
סוֹבַבְתֶּם סוֹבַבְתֶּן סוֹבְבוּ

Future Tense אֲסוֹבֵב תְּסוֹבֵב תְּסוֹבְבִי יְסוֹבֵב תְּסוֹבֵב
נְסוֹבֵב תְּסוֹבְבוּ תְּסוֹבֵבְנָה יְסוֹבְבוּ תְּסוֹבֵבְנָה

Imperative.

סוֹבֵב סוֹבְבִי סוֹבְבוּ סוֹבֵבְנָה

Infinitive.

סוֹבֵב

Participle Active.

מְסוֹבֵב מְסוֹבְבָה מְסוֹבְבִים מְסוֹבְבוֹת

Participle Passive.

מְסוֹבָב מְסוֹבָבָה מְסוֹבָבִים מְסוֹבָבוֹת

Pugnal like Pignel substituting (ַ) for (ֵ), as סוֹבַב for סוֹבֵב, אֲסוֹבַב for אֲסוֹבֵב.

Hiphgnel.

Past Tense הֲסִבּוֹתִי הֲסִבּוֹתָ הֲסִבּוֹת הֵסֵב הֵסֵבָּה הֲסִבּוֹנוּ
הֲסִבּוֹתֶם הֲסִבּוֹתֶן הֵסֵבּוּ

Future Tense אָסֵב תָּסֵב תָּסֵבִּי יָסֵב תָּסֵב נָסֵב תָּסֵבּוּ
תְּסִבֶּינָה יָסֵבּוּ תְּסִבֶּינָה

AND READING BOOK. 97

Imperative.

הָסֵב הָסֵבִּי הָסֵבּוּ הֲסִבֶּינָה

Infinitive.

הָסֵב

Participle Active.

מֵסֵב מְסִבָּה מְסִבִּים מְסִבּוֹת

Participle Passive.

מוּסָב מוּסַבָּה מוּסַבִּים מוּסַבּוֹת

HOPHGNAL.

Past Tense הוּסַבּוֹתִי הוּסַבּוֹתָ הוּסַבּוֹת הוּסַב הוּסַבָּה
הוּסַבּוֹנוּ הוּסַבּוֹתֶם הוּסַבּוֹתֶן הוּסַבּוּ

Future Tense אוּסַב תּוּסַב תּוּסַבִּי יוּסַב תּוּסַב נוּסַב
תּוּסַבּוּ תּוּסַבֶּינָה יוּסַבּוּ תּוּסַבֶּינָה

Infinitive.

הוּסַב

Participle.

הוּסָב הוּסַבָּה הוּסַבִּים הוּסַבּוֹת

HITHPAGNEL.

Past Tense הִסְתּוֹבַבְתִּי הִסְתּוֹבַבְתָּ הִסְתּוֹבַבְתְּ הִסְתּוֹבֵב
הִסְתּוֹבְבָה הִסְתּוֹבַבְנוּ הִסְתּוֹבַבְתֶּם הִסְתּוֹבַבְתֶּן הִסְתּוֹבְבוּ

Future Tense אֶסְתּוֹבֵב תִּסְתּוֹבֵב תִּסְתּוֹבְבִי יִסְתּוֹבֵב תִּסְתּוֹבֵב
נִסְתּוֹבֵב תִּסְתּוֹבְבוּ תִּסְתּוֹבֵבְנָה יִסְתּוֹבְבוּ תִּסְתּוֹבֵבְנָה

Imperative.

הִסְתּוֹבֵב הִסְתּוֹבְבִי הִסְתּוֹבְבוּ הִסְתּוֹבֵבְנָה

I

Infinitive.

הִסְתּוֹבֵב

Participle.

מִסְתּוֹבֵב   מִסְתּוֹבְבָה   מִסְתּוֹבְבִים   מִסְתּוֹבְבוֹת

Note. 1.—Some verbs having the second and third radicals alike, are conjugated regularly in the past tense of the Kal, and in all the Pignel and Hithpagnel: as בָּזְזָה, בָּזַז, Kal from בָּזַז; קִלֵּל, Pignel from קָלַל; הִתְפַּלֵּל, Hithpagnel from פָּלַל.

2.—וּ prefixed to the future of Kal or Hiphgnel, changes the point of the first radical, as Kal יָסוֹב וַיָּסָב; Hiphgnel יָגֵל, וַיָּגֶל.

3.—In the future of the Niphgnal, the dagesh in the first radical is sometimes omitted, and the prefixes have (··), as וַתֵּקַל.

4.—The first radical in the Niphgnal has sometimes (··) or (ָ) instead of (-), as הֵמַּס from מָסַס, תִּדּוֹם from דָּמַם.

5.—In the Hiphgnel, the first radical has sometimes (-) instead of (··), as הֵסַבּוּ for הֵסֵבּוּ.

EXERCISE.

Give סָבַב with the prefixes נ and ת, א, in all the forms where the third radical is omitted, and with ת—נָה and ת—י, where it is retained.

Give גָּלַל *he rolled*, with the pronouns *they* and *you* (*f.*), in the past tense of the Hiphgnel form; הָלַל *he praised*, (regularly conjugated), with *we* and *she*, in the future tense of the reflective form; and מָדַד *he measured*, in the infinitive, and imperative, of the Niphgnal, Pignel, and Hithpagnel.

Say in what form, and in what part of each form, are the following:—

הֵסַבּוּ נְסַבּוֹתֶן הֲסִבּוֹנוּ יָמַּר הִתְמוֹדֵד גַּלֹּתִי
הִתְהַלְלוּ נָסַב וַתָּגֶל מֹד יָמֹדוּ

In addition to the seven classes of irregular verbs, of which examples have been given, there are some containing two irregular letters in their root, as נָשָׂא *he lifted*, נָטָה *he stretched*, אָבָה *he consented*, יָרָה *he cast*, יָרֵא *he feared*, יָצָא *he went out*, בּוֹא *to come*. Some belonging to two roots: as הוֹלִיךְ (Hiphgnel) from יָלַךְ; הִתְהַלֵּךְ (Hithpagnel) from הָלַךְ· And others having one or two of their radicals doubled, *viz.* first and second in verbs quiescent in ה: as מִתַעְתֵּעַ from תָּעָה *he erred*; first and third in verbs quiescent in ו second radical: as כִּלְכֵּל from כּוּל *to shake*; and the first in verbs that have the second and third radicals alike: as גִּלְגַּלְתִּי from גָּלַל *he rolled*. There are also a few containing four letters: as יְכַרְסְמֶנָּה from כִּרְסֵם·

Principal Parts of a few Verbs having two irregular Letters.

נ first radical, and א third: as נָשָׂא *he lifted*, conjugated like נָגַשׁ and מָצָא·

Note.—In the following verbs the form, or part of any form, omitted, denotes that such is not at all, or but very seldom, used.

KAL.

Past tense נָשָׂאתִי; future אֶשָּׂא; imp. שָׂא; inf. נְשׂוֹא and שְׂאֵת; part. act. נֹשֵׂא; fem. נֹשֵׂאת; part. pass. נָשׂוּא·

NIPHGNAL.

Past tense נִשֵּׂאתִי; fut. אֶנָּשֵׂא; imp. and inf. הִנָּשֵׂא; part, נִשָּׂא·

PIGNEL.

Past tense נִשֵּׂאתִי: future אֲנַשֵּׂא; imp. and inf. נַשֵּׂא; parts. מְנַשֵּׂא, מְנֻשָּׂא·

HIPHGNEL.

Past tense הִשֵּׂאתִי ; future אַשִּׂיא ; imp. and inf. הַשֵּׂא.

HOPHGNAL.

Past tense הֻשֵּׂאתִי ; inf. הֻשָּׂא.

HITHPAGNEL.

Past tense הִתְנַשֵּׂאתִי ; future אֶתְנַשֵּׂא ; imp. and inf. הִתְנַשֵּׂא ; part. מִתְנַשֵּׂא.

נ first radical and ה third : as נָטָה *he stretched*, conjugated like נָגַשׁ and גָּלָה

KAL.

Past tense נָטִיתִי ; fut. אֶטֶּה, אֵט ; imp. נְטֵה ; inf. נְטוֹת ; part. נוֹטֶה, נָטוּי.

NIPHGNAL.

Past tense נִטֵּיתִי ; future אֶנָּטֶה ; imp. הִנָּטֶה ; inf. הִנָּטוֹת, part. נִטֶּה.

HIPHGNEL.

Past tense הִטֵּיתִי ; fut. אַטֶּה, אַט ; imp. הַטֶּה, הַט ; inf. הַטּוֹת ; part. מַטֶּה.

י first radical, ה third : יָרָה *he cast*, like יָשַׁב and גָּלָה.

KAL.

Past tense יָרִיתִי ; future אִירֶה ; imp. יְרֵה ; inf. יְרוֹת , יָרֹה ; part. יוֹרֶה.

NIPHGNAL.

Future אִיָּרֶה.

HIPHGNEL.

Past tense הוֹרֵיתִי ; future אוֹרֶה ; imp. הוֹרֵה ; inf. הוֹרוֹת ; part. מוֹרֶה.

י first radical, א third : יָרֵא *he feared*.

KAL.

Past tense יָרֵאתִי ; future אִירָא ; imp. יְרָא ; inf. יְרֹא ; part. יָרֵא.

NIPHGNAL.

Fut. אִקָּרֵא ; imp. and inf. הִקָּרֵא ; part. נִקְרָא.

יָצָא *he went out.*

KAL.

Past tense יָצָאתִי ; future אֵצֵא ; imp. צֵא ; inf. יְצֹא and צֵאת ; part. יוֹצֵא.

HIPHGNEL.

Past tense הוֹצֵאתִי ; future אוֹצִיא or אוֹצֵא ; imperative הוֹצֵא or הוֹצִיא ; inf. הוֹצִיא ; part. act. מוֹצִיא or מוֹצֵא ; part. pas. מוּצָא ; fem. מוּצֵאת.

HOPHGNAL.

Past tense הוּצֵאתִי.

ו second radical, and א third radical : בּוֹא *to come.*

KAL.

Past tense בָּאתִי ; fut. אָבוֹא ; imp. and inf. בֹּא ; part. בָּא.

HIPHGNEL.

Past tense הֵבֵאתִי ; fut. אָבִיא ; imp. הָבֵא ; inf. הָבִיא ; participles מֵבִיא, מוּבָא.

HOPHGNAL.

Past tense הוּבֵאתִי ; future אוּבָא.

נָתַן *he gave.*

KAL.

Past tense נָתַתִּי ; future אֶתֵּן ; imp. תֵּן ; inf. תֵּת, נָתוֹן ; part. act. נוֹתֵן ; pass. נָתוּן.

NIPHGNAL.

Past tense נִתַּתִּי ; future אֶנָּתֵן ; inf. הִנָּתוֹן, הִנָּתֵן ; part. נִתָּן.

HOPHGNAL.

Future tense אֻתַּן.

Exercise.

Give נָכָה *he smote*, in the future aud imperative of the Hiphgnel; נָזָה *he sprinkled*, in the future of the Kal; נָקָה *he was clean*, in the past tense of the Niphgnal; יָדָה *he praised*, in the infinitive mood, and future tense of the Hiphgnel; יָגָה *he grieved*, in the past tense of the Hiphgnel; and נוא *to refuse*, in the future of the Hiphgnel.

Say what form, and what part of each form are the following—

הַכֵּה הַט מוֹדֶה צֵאת הִנָּשֵׂא שְׂאֵת הָבִיא
תִּירָא נָשׂוּא יֵצְאֻנוּ הִטָּה נָטוּי אוֹרֶה הַכּוֹת
נְטֵה הוֹצֵאתָ הֲבֵאתִי תַּכֶּה יָצָאתָ יָרֵאתִי
תָּנִיא תֵּת מוֹדִים תֵּן נִקֵּיתִי הוֹדוֹת צְאִי
בֹּאוּ׃

THE VERB WITH AFFIXES.

An active verb in the Kal, Pignel, and Hiphgnel forms has certain letters or syllables affixed to each of its persons to express the accusative case of the pronouns (see page 48), thus פָּקַד *he visited*, פְּקָדַנִי *he visited me*, פְּקָדְךָ *he visited thee*, m. To the first person there are eight affixes, viz. ךָ *thee*, m., ךְ *thee*, f., ו or הוּ *him* or *it*, הָ or ־ָה *her* or *it*, f., כֶם *you*, m., כֶן *you*, f., ם *them*, m., ן *them*, f. To the second person six affixes, viz. נִי *me*, ו or הוּ *him* or *it*, הָ or ־ָה *her* or *it*, נוּ *us*, ם *them*, m., ן *them*, f., and to the third person ten affixes: נִי *me*, ךָ *thee*, m., ךְ *thee*, f., ו or הוּ *him* or *it*, הָ or ־ָה *her* or *it*, נוּ *us*, כֶם *you*, m., כֶן *you*, f., ם *them*, m., ן *them*, f.

The reflective pronouns are expressed by the Hithpagnel form of the verb, and not by affixes. The affixes necessitate a change in the points of the verb, as will be seen from the following example given of the Kal form of the verb.

KAL FORM OF THE VERB פָּקַד WITH AFFIXES.

Note.—When the pronoun is given without the verb, affix it to the word with which the preceding pronoun is joined. Thus ן פְּקַדְתִּים implies the same as פְּקַדְתִּין ,פְּקַדְתִּים.

Past Tense.

I visited . . .	פָּקַדְתִּי
I visited thee, m.	פְּקַדְתִּיךָ
I visited thee, f.	פְּקַדְתִּיךְ
I visited him . .	פְּקַדְתִּיו
I visited her . .	פְּקַדְתִּיהָ
I visited you, m.	פְּקַדְתִּיכֶם
I visited you, f.	פְּקַדְתִּיכֶן
I visited them, m.	פְּקַדְתִּים
I visited them, f.	פְּקַדְתִּין

thou visitedst, m. פָּקַדְתָּ : פְּקַדְתַּנִי פְּקַדְתּוֹ פְּקַדְתָּהּ
פְּקַדְתָּנוּ פְּקַדְתֶּם פְּקַדְתֶּן

thou visitedst, f. פָּקַדְתְּ : פְּקַדְתִּנִי ו ה נו ם ן

he visited פָּקַד : פְּקָדַנִי פְּקָדְךָ פְּקָדֵךְ
פְּקָדוֹ or פְּקָדָהוּ פְּקָדָהּ פְּקָדָנוּ
פְּקַדְכֶם כֶן פְּקָדָם ן

she visited פָּקְדָה : פְּקָדַתְנִי פְּקָדַתְךָ פְּקָדָתֶךְ
פְּקָדַתּוּ or פְּקָדַתְהוּ פְּקָדַתָּה פְּקָדַתְנוּ
כֶם כֶן פְּקָדָתַם ן

we visited פָּקַדְנוּ : פְּקַדְנוּךָ ךְ הוּ הָ כֶם כֶן ם ן

you visited פְּקַדְתֶּם and פְּקַדְתֶּן : פְּקַדְתּוּנִי
הוּ הָ נוּ ם ן

they visited פָּקְדוּ : פְּקָדוּנִי ךָ ךְ הוּ הָ נוּ
כֶם כֶן ם ן

Future Tense.

I אֶפְקוֹד : אֶפְקָדְךָ אֶפְקְדֵךְ
אֶפְקְדֵהוּ or אֶפְקְדוֹ אֶפְקְדֶהָ
אֶפְקָדְכֶם כֶן אֶפְקְדֵם ן

thou, m. תִּפְקוֹד : תִּפְקְדֵנִי הוּ הָ נוּ ם ן

thou, f. תִּפְקְדִי : תִּפְקְדִינִי הוּ הָ נוּ ם ן

he or it יִפְקוֹד : יִפְקְדֵנִי יִפְקָדְךָ יִפְקְדֵךְ
יִפְקְדֵהוּ יִפְקְדֶהָ יִפְקְדֵנוּ יִפְקָדְכֶם
כֶן יִפְקְדֵם ן

she תִּפְקוֹד : תִּפְקְדֵנִי תִּפְקָדְךָ תִּפְקְדֵךְ
תִּפְקְדֵהוּ תִּפְקְדֶהָ תִּפְקְדֵנוּ
תִּפְקָדְכֶם כֶן תִּפְקְדֵם ן

we נִפְקוֹד : נִפְקָדְךָ נִפְקְדֵךְ נִפְקְדוֹ
נִפְקְדֶהָ נִפְקָדְכֶם כֶן נִפְקְדֵם ן

AND READING BOOK. 105

you תִּפְקְדוּ and תִּפְקֹדְנָה : תִּפְקְדוּנִי הוּ
הָ נוּ ם ן

they, m. יִפְקְדוּ : יִפְקְדוּנִי ךָ ךְ הוּ
הָ נוּ כֶם כֶן ם ן

they, f. תִּפְקֹדְנָה : תִּפְקְדוּנִי ךָ ךְ הוּ
הָ נוּ כֶם כֶן ם ן

Imperative Mood.

thou, m. פְּקֹד : פָּקְדֵנִי פָּקְדֵהוּ פָּקְדֶהָ
. פָּקְדֵנוּ ם ן

thou, f. פִּקְדִי : פִּקְדִינִי הוּ הָ נוּ ם ן

you פִּקְדוּ and פְּקֹדְנָה : פִּקְדוּנִי הוּ
הָ נוּ ם ן

Infinitive Mood.

to visit פְּקֹד : פָּקְדִי or פָּקְדֵנִי פָּקְדְךָ or פִּקְדְךָ
פָּקְדֵךְ פָּקְדוֹ פָּקְדָהּ פָּקְדֵנוּ
פָּקְדְכֶם כֶן פָּקְדֵם פָּקְדֵן

Participle Active.

Singular.

m. פּוֹקֵד פּוֹקְדִי פּוֹקֶדְךָ פּוֹקְדֵךְ
פּוֹקְדוֹ פּוֹקְדָה פּוֹקְדֵנוּ פּוֹקַדְכֶם
פּוֹקַדְכֶן פּוֹקְדָם פּוֹקְדָן

פּוֹקַדְתְּךָ	פּוֹקַדְתִּי	פּוֹקֶדֶת	f.
פּוֹקַדְתָּהּ	פּוֹקַדְתּוֹ	פּוֹקַדְתֵּךְ	
פּוֹקַדְתָּם ן	פּוֹקַדְתְּכֶם כֶן	פּוֹקַדְתֵּנוּ	

Plural.

פּוֹקְדַיִךְ	פּוֹקְדֶיךָ	פּוֹקְדַי	פּוֹקְדִים :	m.
פּוֹקְדֵיכֶם	פּוֹקְדֵינוּ	פּוֹקְדֶיהָ	פּוֹקְדָיו	
פּוֹקְדֵהֶן		פּוֹקְדֵיהֶם	פּוֹקְדֵיכֶן	
פּוֹקְדוֹתֶיךָ		פּוֹקְדוֹתַי	פּוֹקְדוֹת :	f.
פּוֹקְדוֹתֶיהָ		פּוֹקְדוֹתָיו	פּוֹקְדוֹתַיִךְ	
פּוֹקְדוֹתֵיכֶן		פּוֹקְדוֹתֵיכֶם	פּוֹקְדוֹתֵינוּ	
		פּוֹקְדוֹתֵיהֶן	פּוֹקְדוֹתֵיהֶם	

Note 1.—The affixes of the Pignel and Hiphgnel forms are similar to those of the Kal, as פִּקַּדְתִּיךָ, פִּקַּדְתִּיו, הִפְקַדְתִּיךָ, הִפְקַדְתִּיו

2.—In the future tense, if the person does not end in a silent letter, the affix נּוּ is often used to express *him* or *it*, and נָּה *her* or *it* ; as תִּשְׁמְרֶנּוּ *thou wilt keep him* or *it*, יִקָּחֶנָּה *he will take her* or *it*.

3.—The affix of the infinitive is sometimes used as a possessive pronoun, and the infinitive taken as a noun, as קוּמִי *my rising*, שִׁבְתִּי *my sitting* ; and sometimes as a personal pronoun, and the infinitive rendered in the indicative, as בְּקוּמֶךָ *when thou risest up*.

4.—The affixes of the passive participle are like those of the active participle : as פָּקוּד, פְּקוּדְךָ, פְּקוּדַי.

EXERCISE.

Give with affixes—

The verb שָׁמַר *he kept*, in the third person singular, masculine and feminine of the future tense of the Kal.

The verb לָמַד *he learned* (Pignel *he taught*) in the third pers. plur. of the past tense of the Pignel. (לִמְּדוּ with each affix.)

רָכַב *he rode*, in the second person singular masculine of the future of the Hiphgnel. (תַּרְכִּיב with each affix.)

קָבַץ *he gathered*, in the third person masculine plural future tense of the Pignel. (יְקַבְּצוּ with each affix.)

גָּמַל *he rewarded*, in the masculine singular of the active participle of Kal.

זָכַר *he remembered*, in the infinitive mood of the Kal.

שָׂבַע *he satisfied*, in the second person masculine sing. of the imperative Hiphgnel. (הַשְׂבִּיעַ with each affix.)

כָּתַב *he wrote*, in the second person masculine sing. past tense of the Kal form.

Analyse and translate—

זְכַרְתַּנִי זְכָרְנוּ אֶזְכָּרְךָ יִזְכְּרוּךָ תִּזְכְּרֶנּוּ

אֶכְתְּבֶנָּה כְּתַבְתָּם כָּתְבֵם יִכְתְּבֵם יִכְתְּבוּהָ

שְׁמָרַנִי יִשְׁמְרֵהוּ שָׁמְרֵנִי גְּמָלָנוּ גְּמַלְתִּיךָ

גְּמַלְתַּנִי יִגְמְלֵנִי יַרְכִּיבֵנִי הִרְכִּיבוּהוּ הִרְכַּבְתִּיךָ

יַרְכִּיבֵהוּ יַשְׂבִּיעֵנִי אַשְׂבִּיעֵהוּ לִמַּדְתַּנִי לִמְּדוּם

מְלַמֶּדְךָ אֲלַמֶּדְכֶם בְּלָמְדִי בְּקַבְּצִי יְקַבְּצֵנוּ

מְקַבְּצָיו

Render into Hebrew—

She will remember thee (*f.*) I remembered him. Remember thou (*m.*) him. When I remember, inf. with בְּ. They remembered us. I will reward him. We will reward you (*f.*) Thou (*f.*) wilt cause me to ride. They (*m.*) will cause him to ride. When thou learnest. They taught thee (*m.*) They taught them (*m.*) Thou (*m.*) wilt teach him. They rewarded us. You, (*m.*) will reward him. We rewarded them (*m.*) You (*f.*) will reward him. My writing (inf.) Write thou (*m.*) them.

GENERAL EXERCISES ON THE VERBS.

Exercises on Regular Verbs.

Exercise I.

Analyse the following words, and translate them according to the signification given below the exercise, as תִּשְׁמְעוּ, which is in the Kal, translate *you will hear*, and יְשַׁמַּע, which is in the Pignel, translate *he will summon.*

Note.—The letters ן and ה are sometimes affixed to verbs without having any signification, as שִׁמְעָה for שְׁמַע, תִּשְׁמְעוּן for תִּשְׁמְעוּ.

מַבְדִּיל הִבְדַּלְתֶּם הִבְדֶּלוּ יַבְדִּיל שֹׁכֵן יַשְׁכֵּן

שִׁכֵּן שִׁפְכוּ יִשָּׁפֵךְ שָׁפְכוּ שְׁפוֹךְ שׁוֹפֵךְ

הִשְׁתַּפֵּךְ אַזְכִּיר נִזְכַּרְתֶּם תִּזָּכְרוּ תִּסְפּוֹר

מְסַפְּרִים יְסֻפְּרוּ סַפֵּר יְכַפֵּר אֲכַפְּרָה

הַקְרִיבוּ הַקְרֵב קִרְבוּ מַקְרִיבִים תַּקְרֵב

יִקְרַב ; תִּשְׁמְעוּן יִשְׁמַע. יְשַׁמַּע הִשְׁמִיעַ;
יִשָּׁמַע. מַשְׁלִיחַ שַׁלַּח מְשַׁלְּחִים יְשֻׁלַּח כְּתוֹב
תִּכָּתֵב כְּתוּבָה נִכְתָּבִים

Signification of each Form of the Verbs in the Exercise.

Note.—The omission of the signification of any form in the Exercise denotes that the form is to be translated regularly: thus שָׁפַךְ, the signification of Kal and Pugnal is given; two other forms Niphgnal and Hithpagnel are in the Exercise; but these having their regular meaning, namely, Niphgnal passive of Kal, and Hithpagnel reflective, are omitted.

K. denotes the Kal; N. Niphgnal; Pi. Pignel; Pu. Pugnal; Hi. Hiphgnel; Ho. Hophgnal; Hit. Hithpagnel.

בָּדַל N. was separated. Hi. separated.
שָׁכַן K. dwelt. Pi. and Hi. caused to dwell. Hi. fut. אַשְׁכִּן.
שָׁפַךְ K. poured. Pu. slipped.
זָכַר K. remembered. Hi. mentioned.
סָפַר K. numbered. Pi. declared.
קָרַב K. approached. Pi. brought near. K. fut. אֶקְרַב.
שָׁמַע K. heard. Pi. summoned.
שָׁלַח K. and Hi. sent. Pi. dismissed.
כָּתַב K. wrote.

Exercise II.

Translate the following words:—

I separated. I shall separate. We separated. He separated us. Thou (*m.*) wilt separate. He declared. They will number. He shall be numbered. To declare. They declared. You (*m.*) will be numbered. They will hear me. I heard him. He was heard. She caused to hear. He heard. They heard. Approach thou (*m.*) I approached. I shall approach. She dwelt. We dwelt. Dwell thou (*m.*) He will dwell.

Exercise III.

Give in all the forms used in Exercise I., the first and second person singular past tense of בָּדַל; the second and third person masculine singular future tense of סָפַר; the third person masculine plural future tense of שָׁכַן; the second person masculine singular past tense of זָכַר; the infinitive of שָׁפַךְ; and the participle active feminine plural of שָׁמַע.

Exercise IV.

Give the same part as the word given in all the forms used in Exercise I.: thus, if זָכַרְתִּי be the word given, then נִזְכַּרְתִּי and הִזְכַּרְתִּי must also be given, both forms being used in Exercise I.; if יִסְפֹּר be the word, then give יִסָּפֵר, יְסַפֵּר and יְסֻפַּר.

יְסַפֵּר שִׁכֵּן שָׁפַךְ תִּזְכֹּרְנָה נִזְכְּרָה

תַּבְדִּילוּ שְׁפַכְתֶּם שִׁמְעִי שִׁמְעוּ יִכְתְּבוּ

Exercise V.

On the Points.

Write the points of the first and second radical in the following parts of the verb:—

As present participle Kal, first radical ָ, second (ֵ).

Participle passive masculine singular Kal. Infinitive mood Pignel and Pugnal. Second person feminine singular imperative Kal and Pignel. Third person masculine singular past Kal, Pignel, Pugnal, and Hiphgnel. Second person feminine plur. past Kal, Pignel, and Hophgnal. First person plural future tense Kal, Niphgnal, and Hiphgnel. Second person plural fem. future Kal, Niphgnal, and Pignel.

Write the points of the following prefixes :—

The א and ת of the future tense of every form. The ה of the Niphgnal. The ה of the past tense and imperative of the Hiphgnel. The נ of the Niphgnal. The מ of the participle of the Pignel, Hiphgnel, and Hithpagnel.

Directions for Translating Exercise VI.

1.—When ו *and*, is prefixed to the past tense, translate the tense as future; and when prefixed to the future, translate it as the past: as וְחָלַפְתָּ *and thou shalt pass*, וַיִּזְרְעוּ *and they sowed.*

2.—Translate the participle as the present tense: as מְדַבֵּר *speaks.*

3.—ה before the participle use as the relative pronoun, as הַזּוֹרֵעַ *he who sows*, הַזּוֹרְעִים *those who sow.*

4.—ב prefixed to the infinitive translate *when*, as בְּדַבְּרִי *when I speak.*

The signification of any form not given, denotes that the form is to be rendered regularly, as שָׁמַר *destroyed*; the Niphgnal form, not being given must be *was destroyed.*

EXERCISE VI.

וַיְקַבֵּץ אֶת כָּל־אֹכֶל · כָּל־הַגּוֹיִם נִקְבְּצוּ · וְקִבֶּצְךָ
מִכָּל־הָעַמִּים · מֵאֲרָצוֹת קִבְּצָם · כְּקַבְּצִי אֶת בֵּית
יִשְׂרָאֵל · יִתְקַבְּצוּ יַחְדָּו · אֶת אַחַי אָנֹכִי
מְבַקֵּשׁ · בַּקֵּשׁ שָׁלוֹם · מִיָּדִי תְּבַקְשֶׁנָּה ·
הַמְבַקְשִׁים אֶת נַפְשֶׁךָ · וַיְבַקֵּשׁ הַדָּבָר · וְדִבַּרְתָּ בָּם ·

אֲדֹנִי מְדַבֵּר אֶל־עַבְדּוֹ · הָרָעָה אֲשֶׁר דִּבַּרְתִּי ·
וְדִבֶּר אֶל הָעָם · יִשְׁמַע הָעָם בְּדִבְרֵי עַמְּךָ · אֲדַבְּרָה
אֵלֶיךָ · אֶשְׁמְעָה מַה יְדַבֵּר · וּזְרַעְתֶּם אֶת הָאֲדָמָה ·
וַיִּזְרְעוּ שָׂדוֹת · הַזּוֹרְעִים בְּדִמְעָה · וְחָלַפְתָּ מִשָּׁם ·
וַיְחַלֵּף שִׂמְלוֹתָיו · הַחֲלִיפוּ שִׂמְלוֹתֵיכֶם · רִדְפוּ הָאֲנָשִׁים ·
וּרְדַפְתֶּם אֶת אֹיְבֵיכֶם · אֶרְדְּפָה אוֹיְבַי · טוֹב וָחֶסֶד
יִרְדְּפוּנִי · גָּנוּב הוּא אִתִּי · גֻּנַּב מִבֵּית הָאִישׁ ·
גֻּנַּבְתִּי מֵאֶרֶץ הָעִבְרִים · לֹא תִגְנוֹב ׃ שְׁעָרִים לֹא
יִסָּגֵרוּ · תִּסָּגֵר שִׁבְעַת יָמִים · לֹא תַסְגִּיר עֶבֶד אֶל
אֲדוֹנָיו · יִסְגּוֹר דְּלָתָיִם · וְנִשְׁמַדְתִּי אֲנִי וּבֵיתִי · בֵּית
רְשָׁעִים יִשָּׁמֵד · וְהִשְׁמִידְךָ מַהֵר · וְהִשְׁמַדְתִּיו מִתּוֹךְ
עַמִּי · עֲבַדְתִּיךָ אַרְבַּע עֶשְׂרֵה שָׁנָה · וַעֲבָדֶךָ שֵׁשׁ
שָׁנִים · בְּנוֹ הָעֹבֵד אִתּוֹ ׃

Vocabulary of the Exercise.

קָבַץ K. and Pi. gathered
אֶת sign of the accusative case
אֹכֶל food
גּוֹי nation
כָּל all ; מִ or מֵ from
עָם people
אֶרֶץ land
בַּיִת house

בֵּית house of
יַחְדָּו together
אָח brother
בִּקֵּשׁ Pi. sought
שָׁלוֹם peace
יָד hand
נֶפֶשׁ soul
דָּבָר thing

Vocabulary of the Exercise continued.

דִּבֵּר spoke
אָדוֹן lord
אֶל unto
עֶבֶד servant
אֲשֶׁר which
רָעָה evil
שָׁמַע heard
עִמְּךָ with thee
מָה what
זָרַע sowed
אֲדָמָה land
שָׂדֶה field
דִּמְעָה tear
חָלַף passed. Pi. and Hi. exchanged
מִשָּׁם from there
שִׂמְלָה a garment
רָדַף pursued
אִישׁ man
אֲנָשִׁים men
אֹיֵב enemy
טוֹב good
חֶסֶד kindness
גָּנַב stole. Pu. was stolen
אִתִּי with me
עִבְרִי Hebrew
שַׁעַר gate
שִׁבְעַת seven
לֹא not
סָגַר shut. Hi. delivered
יוֹם day
יָמִים days
דְּלָתַיִם the doors
שָׁמַד K. and Hi. destroyed
רְשָׁעִים the wicked
מַהֵר quickly
מִתּוֹךְ from the midst of
עָבַד served
אַרְבַּע עֶשְׂרֵה fourteen
שָׁנָה year
שָׁנִים plural of שָׁנָה
בֵּן son
שֵׁשׁ six

Exercises on Defective Verbs.

Exercise I.

Analyse the following words, and translate each form according to its signification given below the Exercise.

הִגִּיד הִגַּדְתִּי יֻגַּד מַגִּיד תַּגִּידִי הַגִּידִי הִנָּחֵם
יִתְנֶחָם תְּנַחֵם אֲנַחֶמְכֶם תְּנֻחָמוּ נָפְלָה אֶפּוֹל
הִפִּיל יִפְּלוּ מַפִּילִים אֶתְנַפַּל הִצִּיל הַצִּילָה הִתְנַצְּלוּ
הַצִּילֵנוּ הֻקַּם יִנָּקֵם נָקַמְתִּי מִתְנַקֵּם יְנַבֵּל נָבוֹל
מְנַבֵּל נֹבֵל נָטְפוּ הִטִּיף נֹטְפוֹת הַטֵּף מַטִּיף
טַעַת נָטְעוּ נוֹטֵעַ יִטְּעוּ

Signification of each form of the Verbs in the Exercise.

נָגַר Hi. declared or told. Ho. passive.

נָחַם N. and Hit. repented. Pi. comforted. Pu. pass. of Pi.

נָפַל K. fell. Kal future אֶפּוֹל. Hit. threw himself down. Hi. caused to fall.

נָצַל N. was saved, was delivered. Hi. saved, delivered. Hit. stripped himself.

נָקַם K. and Pi. avenged. N. and Ho. was avenged. Hit. revenged himself. Kal fut. אֶקּוֹם. Imp. and inf. נְקוֹם.

נָבַל K. withered. Pi. despised. Kal fut. אֶבּוֹל.

נָטַף K. and Hi. dropped.

נָטַע K. planted. Kal infin. טַעַת.

Directions for Translating Exercise II.

1.—*Let* is to be expressed by the future tense: as *let me approach* אֶגַּשׁ, *let him approach* יִגַּשׁ.

2.—*Have, had, did,* express by the past tense: as *I have, I had approached*, or *I did approach*, נָגַשְׁתִּי.

3.—The present tense express by the active participle and the personal pronoun: as *they approach* or *they are approaching* הֵם נוֹגְשִׁים.

4.—The present tense preceded by the relative *who, which, that*, express by the present participle with the prefix ַה followed by dagesh : as *who falls* הַנּוֹפֵל.

5.—The infin. express by לְ ; or לְ before a letter beginning with sheva : as *to deliver* לְהַצִּיל, *to fall* לִנְפֹּל.

Exercise II.

They declared. He will declare. To declare. Let us tell. Let him tell. Declare ye (*m.*) He declares. He shall repent (Hit.) I repented (N.) To comfort. Comfort ye (*m.*) He shall comfort me. She will comfort me. She will comfort. Avenge thou, *m.* (K.) Avenging *m. sing.* (K.) He shall be avenged (Ho.) To be avenged (N.) Revenging himself. It (*m.*) will wither. He despises. Dropping, *f. plur.* (K.) They, *m.* shall drop (Hi.) Who plant (*m. plur.*) Planted (*f. plur.*) Thou (*f.*) shalt plant them. Thou (*f.*) didst plant. Thou, *m.* shalt plant. I have planted thee (*f.*) They had planted. She fell. They have fallen. They (*m.*) are falling. Who fall (*m. plur.*) He caused to fall. He shall cause to fall. I will cause to fall. They (*m.*) cause to fall. Thou (*m.*) shalt be saved. To save. He has delivered him. He delivers. Save thou (*m.*) To deliver them. They did deliver. You (*m*) shall be delivered.

Exercise III.

Give the past tense of נָגַן Hiphgnel and Hophgnal; the future tense of נָפַל Kal and Hiphgnel; the infinitive mood of נָקַם Kal and Niphgnal; the imperative of נָצַל Niphgnal and Hiphgnel; and the participle active of נָבַל Kal.

Exercise IV.

Give the same part as the word given in all forms used in Exercise I.

הִגִּידוּ הִגַּדְנוּ הֻגַּד יְנָחֵם תְּנַחֵם הִצִּיל
הִצַּלְתֶּם הִצִּילוּ מַטִּיפִים הִטִּיפוּ תִּבּוֹל נוֹבֶלֶת

Exercise V.

Translate the following sentences, observing the directions of Exercise VI. on the regular verbs, page 111.

הַנּוֹגֵעַ בָּהָר · הַנֶּפֶשׁ הַנּוֹגַעַת · גַּע בֶּהָרִים · עֵת
הַזָּמִיר הִגִּיעַ · אַל תִּגְּעוּ בִּמְשִׁיחָי · עַד צַוָּאר יַגִּיעַ ·
וָאֶגּוֹף אֶת מִצְרַיִם · וְנִגַּפְתֶּם לִפְנֵי אֹיְבֵיכֶם · וְלֹא
תִנָּגְפוּ · וַיִּנָּגֵף יִשְׂרָאֵל · יִנָּגֵף עַמְּךָ · אַל תִּטֹּשׁ תּוֹרַת
אִמֶּךָ · וּנְטַשְׁתִּיךָ בָּאָרֶץ · וַיִּטֹּשׁ אֶת דּוֹר עֶבְרָתוֹ ·
וְנֶסֶךְ לֹא תִסְּכוּ עָלָיו · אַסִּיךְ נִסְכֵּיהֶם · הַפֶּסֶל נָסַךְ
חָרָשׁ · נָסְעוּ מִזֶּה · וַיִּסַּע מִקֶּדֶם · וַיִּסַּע כָּעֵץ
תִּקְוָתִי · נוֹסְעִים אֲנַחְנוּ · וְנָטְעוּ כְּרָמִים · וּנְטַעְתִּים
עַל אַדְמָתָם · עֵת לָטַעַת · אֶתּוֹץ אֶת הַמִּגְדָּל הַזֶּה ·
וְנָתַץ אֶת הַבַּיִת · מִזְבְּחוֹתֵיהֶם תִּתֹּצוּ · כָּל עָרָיו
נִתְּצוּ · וְנִתַּשְׁתִּי אֲשֵׁרֶיךָ · וּנְטַעְתִּים וְלֹא אֶתּוֹשׁ ·

וַתִּתַּשׁ · בְּחֵמָה · וְנִתַשְׁתִּים מֵעַל אַדְמָתִי · הִבִּיטוּ אֵלָיו · וְאֶל זֶה אַבִּיט · בְּעֵינֶיךָ תַּבִּיט · וַתַּבֵּט אִשְׁתּוֹ׃

Vocabulary of the Exercise.

נָגַע K. touched. Hi. arrived, reached. ב after נָגַע has no signification
נֶפֶשׁ soul
הָר mountain
עֵת the time of, time
זָמִיר pruning
אַל not
מָשִׁיחַ anointed
עַד to
צַוָּאר neck
נָגַף K. smote. N. was smitten
מִצְרַיִם Egypt
לִפְנֵי before
אוֹיֵב enemy
נָטַשׁ K. forsook, left
תּוֹרַת law of
אֵם mother
דּוֹר the generation of
עֶבְרָה wrath
נָסַךְ K. poured out, melted. Hi. poured out
עָלָיו upon it
נֶסֶךְ drink-offering
פֶּסֶל image
חָרָשׁ a workman
נָסַע K. journeyed. Hi. removed
מִזֶּה from hence
קֶדֶם the east
כָּעֵץ like the tree
תִּקְוָה hope
נָטַע K. planted
כֶּרֶם vineyard
אֲדָמָה land
נָתַץ pulled down. K. future אֶתּוֹץ. N. passive
מִגְדָּל tower
מִזְבֵּחַ altar
נָתַשׁ K. rooted out. Ho. was plucked up
אֲשֵׁרָה grove
בְּחֵמָה with fury
מֵעַל from off
נָבַט Hi. looked
עַיִן eye
אִשָּׁה wife, with affixes אִשְׁתּוֹ

118 THE HEBREW PRIMER

Exercises on Quiescent Verbs having ה for their last Radical.

Exercise I.

Analyse the following words, and translate each form according to its signification given below the Exercise.

פְּנוּ פָּנָה אֶפְנֶה פְּנוֹת תֵּפֶן פּוֹנֶה הִפְנֵתָה

פִּנִּיתָ צִוִּיתֶם צֻוֵּיתִי יְצֻוֶּה מְצַוֶּה צַוֵּה צִוִּיתָנִי צִוִּיתָ

צִוִּתָה צִוִּיתִים יְצַו צַו אֲצַוֶּנּוּ יִקָּווּ נִקְווּ קִוִּיתִי

קַוּוּ קְנוֹת נִקְנָה קָנָה קְנֵה קֹנֶה קָנוּ קָנִיתָ

הִפְלֵיתִי נִפְלֵינוּ הַפְלֵה יְפַתּוּ מְפַתֶּה יַפְתְּ נִפְתָּה

פַּתִּי פִּתִּיתַנִי תִּפָּדֶה יִפְדֶה פְּדוֹת יִפְדוּ פָּדִיתָה

פּוֹדֶה פְּדִיתִיךָ נִפְדָּתָה

תֵּפֶן is the shortened form of תִּפְנֶה; צַו of צַוֵּה, יְצַו of יְצַוֶּה, יַפְתְּ of יְפַתֶּה; נִפְדָּתָה is the same form as נִפְדְּתָה, and פָּדִיתָה as פָּדִיתָ.

Signification of each Form of the Verbs in the Exercise.

פָּנָה K. and Hi. turned. Pi. cleared away.
צָוָה Pi. commanded. Pu. passive.
קָוָה N. was joined. Pi. hoped for, expected.
קָנָה K. bought. N. passive.
פָּלָה N. was separated. Hi. separated.
פָּתָה K. and N. was enticed. Pi. enticed, Hi. made large.
פָּדָה K. redeemed. N. passive.

Directions for Translating Exercise II.

1.—When *and* precedes the future tense, render the future by the past and prefix וְ (וּ before ב מ ף): as *and I will buy* וְקָנִיתִי, *and thou shalt redeem* וּפָדִיתָ.

2.—When *and* precedes the past, render the past by the future, and prefix וַ followed by dagesh (וָ before א): as *and they turned*, וַיִּפְנוּ, *and I bought* וָאֶקְנֶה.

3.—The present, past, or future tense preceded by *when* translate by the infinitive mood (the infinitive in וֹת not in ה) with the prefix בְּ, (בִּ) before a letter having a sheva: as *when he buys, when he bought, when he shall buy*, בִּקְנוֹתוֹ; *when thou buyest, when thou boughtest, when thou shalt buy*, בִּקְנוֹתְךָ, *when thou hast finished* בְּכַלּוֹתְךָ.

4.—*Should* and *would* render by the future tense: as *he should* or *would redeem* יִפְדֶּה.

Exercise II.

I commanded. They commanded. She shall command. Command thou, (*m.*) She shall be commanded. Let her command. Let me turn (K.) And I turned (Hi.) And they shall turn (K.) When he turned (Hi.) To turn (K.) They have turned (Hi.) And they will clear away. I cleared away. Who turn (K.) (*m. pl.*) I shall expect. I have hoped for. And he expected (short future.) They (*m.*) shall be joined. They were bought. I had bought. They (*f.*) are buying. When they shall buy. Who buy (*m. pl.*) And she bought. And she shall buy. They (*f.*) shall be bought. When thou (*m.*) wilt buy. She should buy. I would buy. He should redeem. I have redeemed them. When I redeem. Let us redeem. Redeem thou (*m.*) And she shall be redeemed. Thou (*m.*) wouldst redeem. I had redeemed. And I redeemed. He will entice. They (*m.*) will entice thee (*m.*) Thou (*m.*) shalt entice. It (*m.*) shall be enticed, (K.)

Exercise III.

Give the future tense of צָוָה Pignel and Pugnal forms; the past tense of פָּנָה Kal and Pignel forms; the infinitive of פָּדָה Kal and Niphgnal; and the imperative of פָּלָה Niphgnal and Hiphgnel.

Exercise IV.

Give the same part as the word given in all forms used in Exercise I.

צִוִּיתָ צִוֵּיתִי תְּצֻוֶּה פִּנִּיתָ פָּנוּ תִּפְנֶה אֶפְנֶה קִוּוּ
פְּדֵה פְּדוֹת יִפָּדֶה

Exercise V.

Translate the following sentences, observing the directions of Exercise VI. on the Regular Verbs, page 111.

בְּנוּ בָתִּים · נִבְנֶה לָנוּ עִיר · לֹא תִבְנֶה אֶתְהֶן ·
הֵמָּה בְנוּהוּ · וְנִבְנְתָה הָעִיר · יְרוּשָׁלַיִם הַבְּנוּיָה ·
וַיִּבֶן שָׁם מִזְבֵּחַ · הַבּוֹנִים חֳרָבוֹת · נִבְנְתָה הַחוֹמָה ·
בָּנָה בַּיִת חָדָשׁ · תָּעָה בַשָּׂדֶה · וַיַּתְעוּ אֶת עַמִּי ·
בִּתְעוֹת בְּנֵי יִשְׂרָאֵל · רֹעֵיהֶם הִתְעוּם · כַּצֹּאן תָּעוּ ·
הַמַּתְעִים אֶת עַמִּי · מוֹנֶה מִסְפָּר לַכּוֹכָבִים · זַרְעוֹ

AND READING BOOK. 121

יִמָּנֶה · וַיִּמְנוּ אֶת הַכֶּסֶף · וְלֹא יִמָּנוּ · לִמְנוֹת
אֶת יִשְׂרָאֵל · וְעִנּוּ אֹתָם · וְעִנִּיתֶם אֶת נַפְשֹׁתֵיכֶם ·
טוֹב לִי כִּי עֻנֵּיתִי · לְעַנּוֹת נֶפֶשׁ · רְבוֹת מוֹפְתַי ·
וְהִרְבֵּיתִי אֶתְכֶם · הַרְבּוֹת סוּס · הִרְבֵּיתֶם חַלְלֵיכֶם ·
וְהִרְבִּיתָ אֶת גְּבוּלִי · יִרֶב בָּאָרֶץ · כֹּל זֶה נִסִּיתִי
בְחָכְמָה · נִסּוּנִי אֲבוֹתֵיכֶם · נַסּוֹת אֶתְכֶם · לְנַסּוֹתוֹ
בְחִידוֹת

Vocabulary of the Exercise.

בָּנָה built	זֶרַע seed
בַּיִת house	כֶּסֶף money
עִיר city	עָנָה Pi. afflicted
יְרוּשָׁלַיִם Jerusalem	נֶפֶשׁ soul
שָׁם there	טוֹב good
מִזְבֵּחַ altar	כִּי that
חֳרָבוֹת waste places	רָבָה K. and H. multiplied
חוֹמָה wall	מוֹפֵת wonder
חָדָשׁ new	סוּס horse
תָּעָה wandered, erred	חָלָל slain
שָׂדֶה field	גְּבוּל border
רֹעֶה shepherd	זֶה this
צֹאן flock	נָסָה Pi. tried
מָנָה counted	חָכְמָה wisdom
מִסְפָּר number	אָב father
כּוֹכָב star, (לְ of the)	חִידָה riddle

Exercises on Verbs Quiescent in ו *second Radical.*

Exercise I.

Analyse the following words, and translate each form according to its signification given below the Exercise.

רוֹמַמְתִּי אָרוּם מֵרִים הֳרֵמוֹתֶם תְּרוֹמַמְנָה הָרִימִי

רוֹמְמוּ תָּדִין תְּדִינֵנִי דַּנְתָּ שַׁבְתֶּם לָשׁוּב

הֵשִׁיבוּ שֹׁבְנָה תְּשׁוֹבֵב הוּשְׁבוּ הֲשִׁיבֵנוּ הֲשִׁיבוֹתִיךְ

יְקוֹמְמוּ מִתְקוֹמֵם הוּקַם הֲקֵמֹנוּ מֵקִים יָקִים

יְקִימְךָ יָסִיר סוּר אָסִיר סָרוּ מֵסִיר נָסוּר

הֵסִיר סוּרוּ נָמוֹגוּ תִּתְמוֹגַגְנָה תְּמוֹגֵג תָּמוּג

נָמוֹג

Signification of each form of the Verbs in the Exercise.

רָם, רוּם K. was high, was exalted. Pi. raised, exalted. Pu. pass. of Pi. Hi. offered, raised. Ho. pass. of Hi. Hit. exalted himself.

דָּן, דִּין K. and Hi. judged.

שָׁב, שׁוּב K. returned. Pi. restored. Hi. led back, brought back, restored. Ho. pass. of Hi.

קָם, קוּם K. rose. Pi. built up. Hi. raised up, established. Ho. pass. of Hi. Hit. raised himself.

סָר, סוּר K. departed, turned. Hi. removed. Ho. pass. of Hi.

מָג, מוּג K. melted. Pi. caused to melt. N. and Hit. was melted.

Directions for Trnslating Exercise II.

In addition to the directions given in Exercises, pages 114, 119, observe the following :—

1.—*Surely*, *certainly*, *indeed*, render by the infinitive (the infinitive to be before the verb given, and in the same form as the verb): thus, *I will certainly return*. *I will return*, would be אָשׁוּב the future of the Kal, and the infinitive of the Kal is שׁוּב, therefore the rendering is שׁוֹב אָשׁוּב, in the same manner, *I will surely restore*, must be rendered by הָשֵׁב אָשִׁיב.

2.—The participle preceded by *from* translate by the infinitive with the prefix מִ followed by dagesh, or by מֵ, if the following letter cannot take a dagesh: as *from returning* מִשּׁוּב, *from removing* מֵהָסִיר.

3.—The לְ of the infinitive Kal of verbs of this class is pointed with (ֽ), as *to return* לָשׁוּב.

Exercise II.

Thou (*m.*) shalt be exalted (K.) You (*m.*) shall offer. They offered. And thou didst raise (Pi.) He will raise (Pi.) He has raised (Hi.) Raising, *m. s.* (Pi.) From raising (Hi.) I had raised (Hi.) Raise thou, *m. s.* (Hi) He shall exalt himself. It (*f.*) shall be high. He will surely return. I will restore (Pi.) I will restore (Hi.) It (*m.*) was restored (Ho.) He will surely bring back. Bringing back (*f. s.*) Who bring back (*m. s.*) Returned (*f. s.*) Restore thou *m. s.* (Hi.) He will indeed establish. He established. Thou wilt surely establish. From establishing. We rose. Let him rise. From rising. And they rose. He will raise himself. I will build up. Thou wilt build up. Let us rise. To rise. To melt. They were melted (Niph.) And they shall depart. To depart. Turn ye (*m. s.*) I have removed. Remove thou (*m. s.*) It (*m.*) was removed Ye shall surely turn. To turn.

Exercise III.

Give רוּם in the past tense Pignel and Hiphgnel; סוּר in the future tense Kal and Hiphgnel; שׁוּב in the imperative Kal and Hiphgnel; and מוּג in the future tense Kal and Pignel.

Exercise IV.

Give the same part as the word given in all forms used in Exercise I.

אָרוּם תָּרוּם שֹׁבְנָה שָׁבוּ הֵשִׁיב הוּשַׁבְתָּ
תִּתְמוֹגָג הֵקִים יָקוּם קַמְתִּי

Exercise V.

Translate the following sentences, observing the directions given in Exercise VI. on the Regular Verbs, page 111.

Note.—The infinitive joined to another part of the verb, render by the adverb *surely*, *certainly*, or *indeed*, as נוֹם אָנוּם *I will surely flee.*

נָסוּ אַנְשֵׁי יִשְׂרָאֵל · עַל סוּס נָנוּם · הֵנִים אֶת
עֲבָדָיו · שְׁנַיִם יָנִיסוּ רְבָבָה · וְהָעָם הֵנַס הַמִּדְבָּר ·
נוֹם נָנוּם · תָּנוּסוּ לְעֶזְרָה · מוֹת יָמוּתוּ בַּמִּדְבָּר ·
וַיָּמֻתוּ הַצְפַרְדְּעִים · לֹא מוֹת תְּמוּתוּן · לְהָמִית
צַדִּיק · וַיָּמִיתוּ אֶת הַמֶּלֶךְ · מֵתוּ כָל־הָאֲנָשִׁים ·
יָפוּצוּ אוֹיְבָיו · וַהֲפִצוֹתִי אוֹתְךָ · אֲפִיצֵם לִפְנֵי אוֹיֵב ·

בַּהֲפִיצִי אוֹתָם בַּגּוֹיִם · הֲפִצוֹתֶם אֶת צֹאנִי · וּסְעָרָה
תָּפִיץ אוֹתָם · הַנַּעַר רָץ · וַיָּרָץ הָעֶבֶד · וְהָרֵץ
הַמַּחֲנֶה לְאָחִיךָ · וְרָצוּ לִפְנֵי מֶרְכַּבְתּוֹ · וַיָּרְצוּ
הָאֹהֱלָה · אֲשֶׁר שַׂמְתִּי בְּפִיךָ · וְשַׂמְתָּ אֶת הַשֻּׁלְחָן ·
וְלֹא שָׂמוּךָ לְנֶגְדָּם · וְשַׂמְתִּי לְךָ מָקוֹם · שׂוֹם תָּשִׂים
עָלֶיךָ מֶלֶךְ · שִׂים יְמִינְךָ עַל רֹאשׁוֹ · אָשִׂים אֶת
שְׁמִי · שָׂמוּ אֹתִי בַּבּוֹר · וְשַׂמְתֶּם אֶת דְּבָרַי ·
שִׁירוּ לוֹ · יוֹשַׁר הַשִּׁיר הַזֶּה · אָשִׁיר עֻזֶּךָ · יָשִׁירוּ
תְּהִלָּתוֹ · אֶרֶץ אֲשֶׁר תַּרְתִּי לָהֶם · הַתָּרִים אֶת
הָאָרֶץ · לָתוּר לָהֶם מְנוּחָה · וַיָּשֻׁבוּ מִתּוּר
הָאָרֶץ

Vocabulary of the Exercise.

נוּס Kal, to flee
אַנְשֵׁי men of
עַל upon
סוּס a horse
עֶבֶד servant
שְׁנַיִם two
רְבָבָה ten thousand
מִדְבָּר wilderness
לְעֶזְרָה for help
מוּת K. to die. Hi. to slay
צְפַרְדֵּעַ frog

צַדִּיק the righteous
מֶלֶךְ king
פּוּץ K. and Hi. to scatter
אוֹיֵב enemy
לִפְנֵי before
גּוֹי nation
צֹאן flock
סְעָרָה tempest
נַעַר lad
רוּץ K. and H. to run
הַמַּחֲנֶה (to) the camp

אָח brother, plu. with aff. אַחֶיךָ
מֶרְכָּבָה chariot
הָאֹהֱלָה to the tent
שׂוּם K. and Hi. to put, place, make, appoint, set (imp. Hi. שִׂים shortened form for הָשִׂים).
פֶּה mouth (פִּי with affixes)
שֻׁלְחָן table
לְנֶגְדָּם before them
מָקוֹם place
עָלֶיךָ over thee
יָמִין right hand
רֹאשׁ head
שֵׁם name
בַּבּוֹר in the dungeon
דָּבָר word
שׁוּר Kal and Hi. to sing (imp. Hi. שִׁיר for הָשִׁיר)
שִׁיר song
עֹז power (עֻזִּי with affixes)
תְּהִלָּה praise
תּוּר to spy out
מְנוּחָה a place of rest

Exercises on Verbs Quiescent in י first Radical.

Exercise I.

Analyse the following words, and translate each form according to its signification given below the Exercise.

אוֹרִיד תֵּרֵד הוֹרַדְתֶּם רְדוּ הוֹרַדְתִּים הוֹרַדְתֶּם

יוֹרֶדֶת יוֹרְדִים יֵרֵד יוֹרִידוּ הוּרַד רְדוּ אֵרֵד

הוֹשַׁבְתִּי נוֹשְׁבוּ נֵשֵׁב שְׁבִי שְׁבוּ אֵשֵׁב אוֹשִׁיבְךָ

יֹשִׁיבוּם יֵשְׁבָה הוֹשִׁיב שֶׁבֶת יִסַּד תִּוָּסֵד הוּסַד

יִסַּדְתָּם יִסַּדְתִּיךָ יִרְשׁוּ תּוֹרִישׁוּ תִּוָּרֵשׁ רַשׁ יִירַשׁ

יוֹרֵשׁ הוֹרַשְׁתִּים תּוֹרִישׁ רֶשֶׁת אוֹדִיעַ אֶתְוַדַּע תֵּדַע

הוֹדִיעַ יוֹדִיעַ יֵדְעוּ יִוָּדַע נוֹדְעָה

Signification of each Form of the Verbs in the Exercise.

יָרַד K. went down. Hi. caused to go down, brought down. Ho. pass. of Hi. Kal inf. with affixes רִדְתִּי, רִדְתְּךָ.

יָשַׁב K. dwelt. N. was inhabited. Hi. caused to dwell. Kal inf. with affixes שִׁבְתִּי, שִׁבְתְּךָ.

יָסַד K. and Pi. founded. Ni. and Ho. was founded. Kal fut. יִסַּד; inf. יְסוֹד; Pi. past יִסַּד.

יָרַשׁ K. inherited. N. became poor. Hi. drove out. Kal fut. אִירַשׁ. Inf. with affixes רִשְׁתִּי, רִשְׁתְּךָ.

יָדַע K. knew. N. pass. of K. Hi. made known. Hit. made himself known. Kal fut. אֵדַע; imp. דַּע; inf. יָדוֹעַ, דַּעַת; inf. with affixes דַּעְתִּי, דַּעְתְּךָ. N. fut. אִוָּדַע. Hi. past הוֹדִיעַ; imp. הוֹדַע; fut. אוֹדִיעַ. Hit. fut. אֶתְוַדַּע.

Directions for Translating Exercise II.

In addition to the directions given in the No. II. Exercises, pages 114, 119, 122, observe the following :—

1.—The verbs in the Exercise preceded by *when*, translate by the infinitive with the prefix כְּ, כִּ before a letter having a sheva : as *when I sit* כְּשִׁבְתִּי.

2.—Interrogation is expressed by prefixing to the verb הֲ (הַ before a letter beginning with a sheva, or before א ה ח ע) : as *shalt thou know?* הֲתֵדַע; *did you know?* הַיְדַעְתֶּם; *shall I go?* הַאֵלֵךְ.

EXERCISE II.

Note.—The infinitives used to express *certainly, &c.*, are after the form יָשׁוֹב and not שֶׁבֶת.

I went down. I will bring down. Go down, *m. s.* Wilt thou go down? Cause thou (*f.*) to go down? Shall he go down? He will bring down. We indeed went down. I caused to dwell. Let her dwell. We certainly sat. He had dwelt. Who dwell, *m. pl.* And they shall be inhabited. And I sat. Will he sit? I caused thee, (*m.*) to dwell When he sits. When we sat. Has he caused to sit? Causing to dwell, *m. pl.* Let him dwell. Wilt thou (*f.*) dwell? I shall become poor. And he will inherit. Thou (*m.*) hast driven out. To drive out. He will inherit. Shall we inherit? And I will drive them (*m.*) out. Thou (*m.*) hast founded (K.) They (*m.*) shall found (Pi.) It (*f.*) shall be founded (N.) It (*m.*) was founded (Ho.) He founded (Pi.) Thou (*m.*) shalt certainly know. I knew thee (*m.*) He knew him. Did you (*f.*) know? I knew them (*m.*) They knew them (*m.*) Shall I know? I was known. Shall it (*m.*) be known? I made known. To make known. They (*m.*) know thee (*m.*) They (*m*) know him. Make ye (*m.*) known. I will make myself known. When I know

Exercise III.

Give the second person masculine singular past tense, and the third person feminine plural future tense of יָרַד and יָשַׁב in Kal and Hiphgnel; the second person feminine singular future tense, and the second person masculine singular imper. mood of יָרַשׁ in Kal and Hiphgnel; the third person plural past tense of יָסַר in Kal, Pignel, and Hophgnal; and the imperative mood of יָרַע in Kal, Niphgnal, and Hiphgnel.

Exercise IV.

Give the same part as the word given in all forms used in Exercise I.

AND READING BOOK. 129

נוֹסְדוּ יָסַדְתָּ הוֹשִׁיבוּ מוֹשִׁיבִים שְׁבִי שֵׁב יָרַד
יָרוֹד אֵרַד יָדַע נוֹדַע יָדְעָה יָדַעְתִּי

EXERCISE V.

Translate the following sentences, observing the directions given in Exercise VI. on the Regular Verbs, page 111.

יִסַּרְתַּנִי וָאִוָּסֵר · בִּדְבָרִים לֹא יִוָּסֶר עָבֶד · וְיִסְּרוּ
אֹתוֹ · אֲיַסֵּר אֶתְכֶם · יְיַסֵּר אִישׁ אֶת בְּנוֹ · וּמִכָּל-
צָרוֹתָיו הוֹשִׁיעוֹ ׃ כִּי הוֹשַׁעְתָּנוּ מִצָּרֵינוּ · וְנַפְשׁוֹת
אֶבְיוֹנִים יוֹשִׁיעַ · וְנוֹשַׁעְתֶּם מֵאוֹיְבֵיכֶם · וַיּוֹשִׁיעֵם לְמַעַן
שְׁמוֹ · הוֹשִׁיעֵנוּ מִיָּדוֹ ׃ כָּל-הַבְּכוֹר אֲשֶׁר יִוָּלֵד ·
שֵׁם בְּנוֹ הַנּוֹלָד לוֹ · בָּנִים אֲשֶׁר יִוָּלְדוּ לָהֶם ·
וְהוֹלִידוּ בָּנִים וּבָנוֹת · בְּטֶרֶם הָרִים יֻלָּדוּ ·
תֵּלְדִי בָּנִים · וְהוֹכַחְתִּיו בְּשֵׁבֶט אֲנָשִׁים · וְהוּכַח
בְּמַכְאוֹב · וְיוֹכִיחוּ בֵּין שְׁנֵינוּ · וְעִם יִשְׂרָאֵל
יִתְוַכָּח · וְהוֹכִיחַ לְגוֹיִם עֲצֻמִים · אֲשֶׁר הוֹתִיר הַבָּרָד ·
אֶחָד מֵהֶם לֹא נוֹתָר · שְׁמוֹת הַשִּׁשָּׁה הַנּוֹתָרִים ·
הַשָּׁנִים הַנּוֹתָרוֹת · הוֹתִיר לָכֶם שְׁאֵרִית · וַיִּוָּתֵר
יַעֲקֹב לְבַדּוֹ

Vocabulary of the Exercise.

יָסַר Pi. chastised, corrected. Ni. passive
דָּבָר word
לֹא not
עֶבֶד servant.
אִישׁ man
בֵּן son
צָרָה trouble (צָרוֹת plur.)
יָשַׁע Hi. saved. Ni. was saved
צַר enemy
נַפְשׁוֹת the souls of
אֶבְיוֹן needy
אוֹיֵב enemy
לְמַעַן for the sake of
שֵׁם the name of
יָד hand, מִ from
בְּכוֹר first-born
יָלַד K. and Hi. begat. Ni. and Pu. was born
בַּת daughter (בָּנוֹת plur.)
בְּטֶרֶם before
הַר mountain

יָכַח Hi. punished, reproved, decided. Ho. was punished. Hit. pleaded (the ל following וְהוֹכִיחַ is not to be translated
שֵׁבֶט the rod of, בְּ with
אֲנָשִׁים plu. of אִישׁ
מַכְאוֹב pain, בְּ with
בֵּין betwixt
שְׁנֵינוּ both of us
עִם with
גּוֹי nation
עָצוּם strong
יָתַר Hi. left. Ni. was left
אֶחָד one
בָּרָד hail
מֵהֶם of them
שְׁמוֹת the names of
שִׁשָּׁה six
שָׁנָה year, שָׁנִים plur.
שְׁאֵרִית a remainder
יַעֲקוֹב Jacob
לְבַדּוֹ alone

Exercises on Verbs having the Second and Third Radicals alike.

EXERCISE I.

Analyse the following words, and translate each form according to its signification given below the Exercise.

מַדּוֹתִי יָמַד יְמוֹדְדוּ יִתְמוֹדֵד יְמַדֵּד נָגוֹלוּ גַּלּוֹתִי
יָגֵל גֹּל גֹּלּוּ יְהֻלַּל מִתְהַלֵּל אֲהַלֵּל יְהַלְלוּהוּ הִתְהַלֵּל
אֲהַלְלֶנּוּ הוּלְלוּ יִתְהַלְלוּ סוֹכֵךְ סַכּוֹתָ סוֹכְכִים יָסֵךְ
תָּסֵךְ סֹלּוּ מִסְתּוֹלֵל סְלוּלָה יְקַלְלוּ מְקַלֵּל יְקַלֵּל
הִתְקַלְקְלוּ אֲקַל

Signification of each Form of the Verbs in the Exercise.

מָדַד Kal and Pi. measured. N. pass. of K. Hit. stretched himself. K. past. מָדַד, מָדְדוּ. K. fut. with ו, וַיָּמָד. Pi. fut. אֲמַדֵּד or אֲמוֹדֵד.

גָּלַל K. and Hi. rolled. N. pass. of K. נָגוֹלוּ is the same part. as נָסַבּוּ. K. third plur. past tense גָּלְלוּ. Hi. fut. with ו, וַיָּגֶל.

הָלַל Pi. praised. Pu. pass. Hit. boasted. (The forms in the Exercises are regular like פָּקַד.)

סָכַךְ K. and Hi. covered.

סָלַל K. raised up. Hit. exalted himself. Hit. הִסְתּוֹלֵל.

קָלַל Kal was swift, was light, was despised. Pi. cursed. N. was light, was despised. Pu. pass. of Pi. Hi. despised, made light. Hit. הִתְקַלְקֵל was shaken. Pi. and Pu. regular like פָּקַד.

Exercise II.

Translate the following words according to the directions given in the preceding No. II. Exercises.

And they shall measure (K.) He measured (K.) They (*m.*) shall measure (Pi.) Thou (*m.*) shalt measure (K.) And he measured (K.) I will measure (Pi.) It (*m.*) will be measured. And they shall roll (K.) I rolled. And he rolled (Hi.) They (*m.*) shall praise thee (*m.*) They did boast. He shall be praised. Praise thou (*f.*) Let it (*f.*) praise. They (*m. pl.*) are praising. They (*m.*) shall boast. And they (*m.*) covered (K.) She will cover (Hi.) Who cover (*m. sing.*) K. Let it (*f.*) cover (Hi.) And they (*m.*) raised up. Exalting themselves (*m. pl.*) They were swift. Thou (*m.*) wast despised (N.) They (*m.*) shall be light (N.) He shall be cursed. And she cursed. They (*m.*) curse. Make thou (*m.*) light. He will despise. And they shall be swift.

Exercise III.

Give גָּלַל in the imperative of the Kal.
מָדַד in the future of the Pignel.
הָלַל in the past tense of the Pignel and Hithpagnel.
סָכַךְ in the participle active of the Kal.
And קָלַל in the participle of the Hithpagnel.

Exercise IV.

Give the same part as the word given in all forms used in Exercise I.

יָסֵךְ מִסְתּוֹלְלִים סֹלּוּ סוֹלֵל הֵגַל יְהַלְלוּ תְּהַלֵּל

הִלְלוּ תְּקַלְלוּ תֵּקַל קַלּוֹתִי יְמוֹדֵד אֶתְמוֹדֵד

Exercise V.

Translate the following sentences, observing the directions given in Exercise VI. on the Regular Verbs, page 111.

לִגְזוֹז אֶת צֹאנוֹ · וְלֹא תָגוֹז בְּכוֹר צֹאנֶךָ · וַיָּגָז
אֶת רֹאשׁוֹ · וְגַנּוֹתִי אֶת הָעִיר הַזֹּאת · יָגֵן עֲלֵיהֶם ·
הַבָּז אֲשֶׁר בָּזָזוּ · וַיָּבֹזּוּ הָעִיר · הִבּוֹז תִּבּוֹז · עָם
בָּזוּז · לָבוֹז אֶת שְׁלָלָם · יִדְּמוּ כָּאָבֶן · וְדוֹמַמְתִּי
נַפְשִׁי · דֹּמּוּ יֹשְׁבֵי אִי · זֹמֵם רָשָׁע לַצַּדִּיק · כַּאֲשֶׁר
זָמַם לַעֲשׂוֹת · לָקַחַת נַפְשִׁי זָמָמוּ · יָזֵמּוּ לַעֲשׂוֹת ·
הֲמוֹתִי רָאִיתִי אוֹר · וַיָּחָם בְּשַׂר הַיֶּלֶד · וּמִגַּז כְּבָשַׂי
יִתְחַמֵּם · וְנַעַר לֹא יָחוֹן · זְקֵנִים לֹא חָנָנוּ · אֱלֹהִים
יָחְנְךָ בְּנִי · בְּהִתְחַנְּנוֹ אֵלֵינוּ · עַל כַּפַּיִם חַקֹּתִיךְ ·
וְרוֹזְנִים יְחוֹקְקוּ צֶדֶק׃ בְּחוּקוֹ מוֹסְדֵי אָרֶץ · הָרִים
כַּדּוֹנָג נָמַסּוּ · וְנָמַסּוּ הֶהָרִים תַּחְתָּיו · וַיִּמַּס לְבָבֵנוּ ·
וְנָמֵס כָּל לֵב · אַחֵינוּ הֵמַסּוּ אֶת לְבָבֵנוּ · וְנָשַׁמּוּ
דַּרְכֵיכֶם׃ וְאֶת נָוֵהוּ הֵשַׁמּוּ · וָאֶשְׁתּוֹמֵם עַל הַמַּרְאֶה ·
וַהֲשִׁמּוֹתִי אֶת מִקְדְּשֵׁיכֶם · רָנִּי בַּת צִיּוֹן · רָנּוּ שָׁמַיִם ·
יְרַנְּנוּ עֲצֵי הַיַּעַר · רַנְּנוּ צַדִּיקִים · נְרַנְּנָה בִּישׁוּעָתֶךָ׃
וְלֵב אַלְמָנָה אַרְנִן

Vocabulary of the Exercise.

גָּזַז K. sheared, shaved. K. fut. with ו, וַיָּגָז
צֹאן flock
בְּכוֹר the firstling of
רֹאשׁ head
גָּנַן K. and Hi. protected
עֲלֵיהֶם them, עַל not to be translated
בַּז spoil
בָּזַז K. and N. plundered. K. plur. past בָּזְזוּ
שָׁלָל spoil
דָּמַם K. and N. was silent. Pi. made silent
אֶבֶן stone in, כְּ like
נֶפֶשׁ soul
יֹשֵׁב inhabitant
אִי the isle
אַל not
זָמַם K. devised, designed. K. plur. fut. יָזֹמּוּ
רָשָׁע the wicked
צַדִּיק righteous, לְ against the
כַּאֲשֶׁר as
עָשָׂה did
לָקַח took, inf. לָקַחַת
חָמַם K. was warm Hit. warmed himself. K. fut. with ו, וַיֵּחַם.

רָאָה saw
אוּר fire
בָּשָׂר flesh, const. form בְּשַׂר
יֶלֶד child
גֵּז fleece of
כֶּבֶשׂ lamb
נַעַר the young (obj. of the verb)
חָנַן K. favoured. Hit. implored
אֱלֹהִים God
בֵּן son
זְקֵנִים the old (obj. of the verb)
אֵלֵינוּ us, the אֶל is not to be translated
כַּפַּיִם the palm of the hands
חָקַק K. engraved, decreed. Pi. ruled
רוֹזְנִים rulers
צֶדֶק (with) justice
מוֹסָד foundation
מָסַס N. melted. Hi. made faint
דּוֹנַג wax, כַּ like
הַר mountain
תַּחְתָּיו under him
לֵבָב, לֵב heart
אָח brother
שָׁמֵם N. was desolate. Hi. laid waste. Hit. was astonished

Vocabulary of the Exercise continued.

דֶּרֶךְ way
נָוֵהוּ his dwelling place
עַל at
מַרְאֶה appearance
מִקְדָּשׁ sanctuary
רָנַן K. and Pi. rejoiced, sang.
Hi. caused to rejoice
בַּת daughter of
צִיּוֹן Zion
שָׁמַיִם heavens
עֵץ tree
יַעַר forest
צַדִּיקִים righteous ones
יְשׁוּעָה salvation
אַלְמָנָה widow

Exercises on the several Classes of Verbs combined.

Exercise I.

Give the second person masculine singular past and future tense Kal of רוּץ, נָסַע, שָׁתָה, מָדַד, אָמַר, יָלַד and קָרָא; the first person singular past and future tense Niphgnal of סוּג, יָקַשׁ, נָגַף, כָּסַף, קָלַל, אָלַם, and קָנָה; the second person masculine plural past and future tense Pignel of כּוּן, יָסַר, כָּלָה, and נָשַׁךְ; the infinitive mood and the present participle masculine singular Hiphgnel of בּוּן, נָבַט, יָלַךְ, רָבָה, and אָרַךְ.

Exercise II.

Name the class of verb, and part of the verb, expressed by each of the following words: thus לִפְרוֹת quiescent in ה infin. Kal.

Note 1.—Quiesce. verbs having ה for the third radical, have the same form in the third person plural past tense Kal as those quiescent in ו second radical; the accent, however, distinguishes one from the other. If the word belongs to a quiescent verb in ה, the accent is on the second letter, and if to a quiescent verb in ו, the accent is on the first letter: thus שָׁבָ֫וּ *they took captive*, from שָׁבָ֫ה; שָׁ֫בוּ *they returned*, from שׁוּב.

2.—Quiescent verbs in ו second radical have the same form in the third person feminine singular past tense Kal, as in the present participle feminine; the accent also here denotes the difference. If the accent be on the first letter, the word is in the past tense, and if on the second, the word is in the feminine singular of the participle: thus קָ֫מָה past, קָמָ֫ה participle.

תָּסִיר נוֹעֲצוּ קָ֫מָה קָמָ֫ה הֵבִינוּ הוֹרִישׁוּ רָ֫צוּ רָצוּ
רָ֫מָה רְמִיתָנִי רָמָ֫ה נְסוּגוֹתִי כַּלּוֹת (inf.) רָצִים רֹצִים
נָשַׁמּוּ נְקַלּוֹתִי סַרְתֶּם מֵבִין גַּרְתִּי לִפְדּוֹת רָצִיתִי
תְּוֻסְּרוּ תָּגוּז הֵסַג יָרוּץ דַּלּוֹתִי קַלּוֹתָ בָּזוּי גֹּלּוּ
יִכְלוּ יֵדְעוּ תֵּת יָקֻם הַטֶּה יָמִיטוּ מוֹדֶה תְּרַמִּי
רָמוֹת בָּזוּי נָמוֹגוּ מְצַוֶּה הִפְנֵיתִי לְהַזִּיר לְהָשִׁיב
הֲשִׁימוֹתָ יַבִּיעוּ שָׁ֫בוּ נִשְׁבּוּ שָׁבָ֫וּ מוֹסִיפִים הוֹפִיעַ
נָכוֹן מַסִּיג תַּכִּיר הֵכִין תָּגִיל זַמּוֹתִי נוֹשַׁנְתֶּם כָּסוּי
מֵלִיץ בָּ֫אָה בָּאָ֫ה הִמְלֵט יוֹרוּ הֵבֵאתִי לְרֵעוֹת

Exercise III.

Render the following into Hebrew.

Note 1.—When verbs quiescent in ו second radical have the accusative pronouns affixed, the future prefixes of the Kal and Hiphgnel have (:) instead of (ָ); the prefix ה of the Hiphgnel has (-:) instead of (-), and the מְ of the participle is changed to מָ: as יְצוּדֶנּוּ Kal from צוּד, תְּשִׁיבֶם Hiphgnel from שׁוּב, הֲנִיפְכֶם Hiphgnel from נוּף, מְרִימָיו from רוּם.

2.—When verbs quiescent in ה third radical have the accusative pronouns affixed to the infinitive, or when the letters ב כ ל ם are prefixed, the form of the infinitive is וֹת not ה: as כַּלּוֹתְךָ from כָּלָה, בְּהִבָּנוֹתוֹ from בָּנָה.

We returned. She caused to return. He will run. It
שׁוּב רוּץ

will be opened. He caused to rain. Thou (*f.*) hast made.
פָּתַח מָטַר עָשָׂה

Let it be built. We shall begin. It (*f.*) was destroyed.
בָּנָה חָלַל (Hi.) שָׁמַד

When we wished. When he runs. Thou hast chosen us.
רָצָה inf. inf. בָּחַר

They sent away. It (*m.*) was removed. They shall touch.
שָׁלַח (Pi.) סוּר (Ho.) נָגַע

Touch thou (*f.*) Thou didst place us. Cause me to know.
שׂוּם יָדַע

We had plundered. I will understand. They were opened.
בָּזַז בּוּן (Hi.)

He will prepare. Prepare ye (*m.*) Thou hast understood.
כּוּן (Hi.) בּוּן (Hi.)

They were revealed. To buy. They were swallowed up.
גָּלָה (לְ) קָנָה בָּלַע

Who build (*m.pl.*) She built. We ran. To be bought. Subdue
כָּבַשׁ

ye (*m.*) They (*m.*) will flow. To subdue. You will judge.
נָזַל (לְ) דּוּן (Hi.)

Sanctify yourselves (*m.*) It (*m.*) shall be left. Those which are
קָדַשׁ יָתַר

left. Thou wilt judge me. They did shut. Number
(*part.* Ni.) (Hi.) סָגַר סָפַר

thou (*f.*) Trust ye (*m.*) To make them reach. Thou (*m.*)
בָּטַח נָגַע (Hi).

shalt cause to inherit. I raised. He raises thee (*m.*) It (*m.*)
נָחַל (regular) רוּם (Hi.) (Hi.)

shall be known. Let me go out. Given (*m. pl.*) We will
יָצָא נָתַן

fear. I lifted up. To praise. I brought out. Possess thou
יָרֵא נָשָׂא יָדָה (Hi.) יָצָא (Hi.) יָרַשׁ

(*m.*) And I will teach thee. To try thee (*m.*) We shall say.
יָרָה (Hi.) נָסָה (Pi.) אָמַר

You called (*m. s.*) It (*m.*) was said. Rise thou (*m.*) early.
קָרָא שָׁכַם (Hi.)

To give light. They will range. To give. From trying.
אוֹר (Hi.) שׁוּם (Pi.) נָתַן (Pi.)

I was called. He will surely say. He looks. She shall
נָבַט (Hi.)

slay. He shall slay thee. I will surely blot out. To
מוּת (Pi.) מוּת (Hi.) מָחָה (inf. in ה)

cover. When thou didst cover. When he did cover.
כָּסָה (Pi.) (Pi.) (Pi.)

Knead thou (*f.*) Cause us to return. Thou shalt exalt me.
לוּשׁ רוּם (Pi.)

You will bring.
בּוֹא (Hi.)

ADVERBS, PREPOSITIONS, CONJUNCTIONS, AND INTERJECTIONS.

The above parts of speech are expressed by words generally called particles, a few, principally denoting prepositions, are declinable with affixes like nouns, the rest are indeclinable.

Adverbs.

פֹּה, הֵנָּה, הֲלֹום here, hither
שָׁם there
מִשָּׁם thence
שָׁמָּה there, thither
הֵנָּה וָהֵנָּה, כֹּה וָכֹה hither and thither
כֹּה here, there, yonder
הָלְאָה thence, farther, onwards
אָנָה וְאָנָה, עַד כֹּה hither or thither
עַד הֵנָּה, עֲדֶן, עֲדֶנָּה until here
מִבַּיִת, פְּנִימָה within
חוּץ without
מִמַּעַל, מַעְלָה above
מַטָּה below
אָחוֹר backward, behind
אֵי, אַיֵּה, אֵיפֹה where?
אָנָה, אָן whither?
מֵאַיִן whence?
עַתָּה now
מִלְּפָנִים, לְפָנִים formerly
טֶרֶם not yet, before that
אָז then
מֵאָז since
עַד until
עַד עַתָּה, עַד כֹּה, עַד הֵנָּה hitherto
עוֹלָם, עוֹלָמִים ever
לָעַד, עֲדֵי עַד, לְעוֹלָם for ever
לְעוֹלָם וָעֶד, עוֹלָם וָעֶד for ever and ever
תָּמִיד always, continually
עוֹד whilst, again, yet, more
כָּל עוֹד as long
יוֹמָם by day
הַיּוֹם to-day
מָחָר to-morrow
אֶתְמוֹל, אִתְּמוֹל, תְּמוֹל yesterday
כְּבָר already, long since
שִׁלְשֹׁם, תְּמוֹל שִׁלְשֹׁם the day before yesterday, heretofore
הָלְאָה henceforth
עֵקֶב at last
מַהֵר, מְהֵרָה quickly
מָתַי when?

ADVERBS *continued.*

עַד מָתַי, עַד מָה, עַד אָנָה till when? how long
הַרְבֵּה much
יוֹתֵר more
מְעַט little
מְעַט מְעַט little by little, gradually
כִּמְעַט almost, soon
מְאֹד very, exceedingly
כֵּן, כֹּה, כָּכָה so, thus
כְּמוֹ thus
אָכֵן, אָמְנָם, אוּלָם truly, certainly
אֵין, לֹא, אַל, בַּל, בְּלִי, בִּלְתִּי not
אֶפֶס not, besides

לְבַד alone
רַק, אַךְ only
יַחַד, יַחְדָּיו together
אַחַת, פַּעַם once
פַּעֲמַיִם twice
כְּפַעַם בְּפַעַם as usual
אוּלַי perhaps
מַדּוּעַ, לָמָּה wherefore? why?
כַּמָּה how many? how often?
אֵיךְ, אֵיכָה how?
חִנָּם, לַשָּׁוְא in vain
כֵּן well
פִּתְאֹם suddenly
קוֹמְמִיּוּת erectly, securely

לְבַד, עַד, עוֹד, אֵין, אַיֵּה are found with affixes like a noun: as אַיָּם *where are they?* אֵינֶנִּי *not I,* עוֹדָם *while they,* עָדֶיךָ *until thou* לְבַדְּךָ *thee alone.*

EXERCISE.

Translate the following words and sentences:—

מִשָּׁם · כֹּה · הָלְאָה · עַד כֹּה · מִבַּיִת · חוּץ ·
מַעְלָה · אָחוֹר · עַתָּה · טֶרֶם · עַד · תָּמִיד ·
מָחָר · מַהֵר · הַרְבֵּה · כֵּן · אַל · רַק · יַחַד :

Note.—In the Hebrew Exercise upon this part of speech, and also upon those following, the translation only of words but seldom found in former exercises will be given, and those only in their simple form: (the verbs are rendered in their proper

AND READING BOOK. 141

tenses) other words, as also the prefixes and affixes, must be supplied by the pupil.

2.—In the English Exercise, where two or more words signify the same, use the first word on the right if no number is marked under it; the second if 2, the third if 3, and the fourth if 4 is marked: as *not* אַיִן, *not*, לֹא *not* אַל, *not* בַּל.
2 3 4

שָׁמָּה תָּבִיאוּ · שְׁבוּ פֹּה ׃ נֵלְכָה עַד כֹּה ·
Will go Abide Will bring

אָנָה הָלְכוּ · עַד אָנָה יְנַאֲצֻנִי · לֹא הָלַךְ עַבְדְּךָ
servant went will provoke. have gone.

אָנֶה וָאָנָה · מִשָּׁם יְקַבֶּצְךָ ׃ אֲשֶׁר בַּשָּׁמַיִם
in the heavens will gather.

מִמַּעַל · עַתָּה יָדַעְתִּי · טֶרֶם כִּלָּה · אָז יָשִׁיר ·
sang. he finished. know.

לֹא שָׁמַעְתָּ עַד כֹּה · לֹא רְאִיתִיו עַד הֵנָּה ׃
have seen didst hear

אָנֹכִי מְצַוְּךָ הַיּוֹם · עַד אָנָה תַּסְתִּיר אֶת פָּנֶיךָ ·
face. wilt hide command

כָּכָה יֵעָשֶׂה · נַעַמְדָה יַחַד · רַק אֶת דָּמוֹ לֹא
blood Will stand shall be done.

תֹאכֵל · אָכֵן נוֹדַע הַדָּבָר · מַדּוּעַ בָּאתִי · לָמָּה
came. is known shalt eat.

אָמַרְתָּ · אֵיךְ אֶעֱשֶׂה · וַאֲנִי אַגִּיד לְעוֹלָם ·
will tell shall do. didst say.

הָלְכוּ יַחְדָּיו · עוֹדָם מְדַבְּרִים ׃
were speaking.

Always. Daily. Whilst. As long. Henceforth. Formerly. For ever and ever. To-morrow. Yesterday. Very. Truly. Not. Again. Once. Perhaps. How. Often. Suddenly. Already.

Here stand. Do not approach. Whence comest thou?
עֲמוֹד 3 תִּקְרַב בָּאתָ

They will return hither. Once in the year. Since thou hast
יָשׁוּבוּ 2 בַּשָּׁנָה

spoken. When wilt thou comfort me? They will preserve me
דַּבֶּרְךָ תְּנַחֲמֵנִי יִצְּרוּנִי

continually. And I led you securely. Which thou knowest
וָאוֹלֵךְ יָדַעְתָּ

not heretofore. And sanctify them to-day and to-morrow.
2 2 וְקִדַּשְׁתָּם (וּ)

By day the sun shall not strike thee. Then my enemies
הַשֶּׁמֶשׁ 2 יַכֶּכָּה אוֹיְבַי

will turn backwards. They had almost consumed me. I will
יָשׁוּבוּ כִּלּוּנִי

not lift up. They will not speak well.
4 אֶשָּׂא 2 יְדַבֵּרוּ

Prepositions.

אֱלֵי, אֶל to, towards, at
עִמָּד, אֶת, עִם with
מִנֵּי, מִנִּי, מִן from, out of

עֲלֵי, עַל upon, against, on, above, by, over, on account of
אֵצֶל near, at, by

PREPOSITIONS *continued.*

נֹכַח, מוּל, נֶגֶד before, over against, opposite to	בֵּין between
עַד, עֲדֵי unto	מִפְּנֵי, בַּעֲבוּר, לְמַעַן, בִּגְלַל on account of
לִפְנֵי before	לְפִי, כְּפִי according to
אַחַר, אַחֲרֵי after	בְּלִי, בִּלְתִּי, בִּלְעֲדֵי without, except
תַּחַת under, instead of, for	זוּלַת besides, except

The prepositions אַחַר, אַחֲרֵי, מִפְּנֵי, לִפְנֵי, עַד, עֲדֵי, עַל, עֲלֵי, בִּלְעֲדֵי, תַּחַת, are declinable like a noun in the plural number: thus עָלַי *upon me,* עָלֶיךָ *upon thee;* לְפָנַי *before me,* לִפְנֵיהֶם *before them;* לְמַעַן, נֶגֶד, אֵצֶל, עִמָּד, אֵת, עִם, and זוּלַת, like a noun in the singular number, and בֵּין like a noun in both numbers: as עִמִּי *with me,* עִמּוֹ *with him;* אִתִּי *with me,* אִתְּךָ *with thee,* אִתּוֹ *with him;* נֶגְדְּךָ *before thee,* נֶגְדָּם *before them;* בֵּינִי *between me,* בֵּינְךָ *between thee,* בֵּינֵיכֶם *between you.* אֶל and מִן have already been declined among the cases of the pronouns; the former אֶל denoting the dative, and the latter the ablative case,

Prepositions are also expressed by the letters ב כ ל מ prefixed, and by the letter ה affixed.

ב *in, with, by, on, upon, over, among, at, against, on account of:* as בָּעִיר *in the city,* בַּשָּׂדֶה *by the field,* בָּאֶבֶן *with a stone,* בְּאוֹיֵב *against an enemy,* בְּהַר *on a mount,* בְּעַם *amongst a people.*

כ *according to, about,* as כִּדְבַר *according to the word of,* כְּעֶשְׂרִים *about twenty.*

ל *to, for, of:* as לָאָדָם *to the man,* לְאָחִיו *for his brother,* לְתוֹדָה *of thanksgiving.*

מ *from, out of, on account of:* as מִבֵּית *from the house of,* מִפְּשָׁעֵינוּ *on account of our transgressions.*

ה *to:* as אַרְצָה *to the ground.*

Translate the following :—

אֶל · מִן · אֵצֶל · לִפְנֵי · תַּחַת · בֵּין · לְ · לְפִי
עֲלֵי · בְּ · זוּלַת · מִ · עִם · כְּ · כְּפִי :

בָּא אֶל הַמָּקוֹם · אֵצֶל הַמִּזְבֵּחַ · נֶגֶד הַכֹּהֲנִים ·
priest altar place He came

נָתַן עָלֶיךָ · אַחַר הַדְּבָרִים הָאֵלֶּה · נֹכַח פֶּתַח
door He put

הַבַּיִת · עַם יָצָא מִמִּצְרַיִם · הִכָּהוּ בְּיָדוֹ · עָשָׂה
He did hand. he struck Egypt. gone

כִּדְבָרוֹ · אַתָּה עִמָּדִי · זוּלַת דַּלַּת עַם · עֵד הוּא
Witness the poor of

בֵּינֵנוּ וּבֵינֵיכֶם · וַיְקִימֶהָ שָּׁם תַּחַת הָאֵלָה · דִּבֵּר
Spoke oak. Raised

עִמָּנוּ · אָבוֹא אַחֲרֶיךָ · בָּא מִצְרַיְמָה · אָנֹכִי נִצָּב
stand Will come

עָלָיו · כְּכָל-אֲשֶׁר עָשָׂה · שְׁבָה עִמָּדִי · לֵךְ אִתָּם ·
Go Abide

לְמַעַן דָּוִד עַבְדִּי · עַד אַפְסֵי אָרֶץ · עִם אָבִיו ·
father the ends of

לָשֶׁבֶת נֶגְדּוֹ :
to sit.

Give the letters and words expressing the following prepositions: *in*, *before*, *by*, *under*, *from*, *with*, *near*, *at*, *against*, *according to*, *on account of*, *opposite to*.

Translate the following, using words for the prepositions:—

He went out before thee. Before the man. Between me and
יָצָא

between thee. And they turned aside after gain. He rose up
וַיִּטּוּ הַבֶּצַע קָם

against them. The people with him. On account of my name.
2 3 שְׁמִי

Thou art with me. Instead of the offering. I was afraid
3 קָרְבָּן יָגֹרְתִּי

on account of the anger. According to his service. He went
הָאַף עֲבוֹדָתוֹ עָלָה

up to the mount. He stood by them.
הַר עָמַד

Translate the following, using prefixes for the prepositions:

The points of the prefixes are as follow: ב כ ל has (:) generally, as כְּדֶרֶךְ, בְּרֶם; before a sheva, they have ִ, as לִדְבַר; before a semivowel, the same point as that joined to the sheva; as בֶּאֱמֶת; before אֱלֹהִים (-), the א having no point, as בֵּאלֹהִים; before יְהוָֹה, אֲדֹנָי (-), as בַּיהוָֹה, לַאדֹנָי; before ', ִ, and the ' of the word has no point, as בִּימֵי, בִּימֵי, and before אהחער (ָ) and sometimes (ְ), as בָּאָרֶץ, בְּעָרִים ; מ has ־ followed by dagesh, as מִכֹּל, before א ה ח ע ר it has (ֵ) as מֵעוֹלָם.

When the prefixes ב כ ל precede the article ה, they take the point of the ה, and the ה itself is omitted, as כַּדָּבָר for כְּהַדָּבָר.

According to all I did. Falling by the way. It shall be
עָשִׂיתִי נוֹפְלִים דֶּרֶךְ תִּהְיֶה

against us. He alighted at the place. He struck him with
פָּגַע מָקוֹם הִכָּהוּ

a stone. I walked in the field. A Psalm of thanksgiving.
הָלַכְתִּי שָׂדֶה מִזְמוֹר תּוֹדָה

We spoke to the king. Buy for us a little food. They
דִּבַּרְנוּ שִׁבְרוּ מֶלֶךְ אֹכֶל מְעַט

wandered in the wilderness. Deliver from the sword my soul.
תָּעוּ מִדְבָּר הַצִּילָה נַפְשִׁי חֶרֶב

He rules over the nations. On account of the greatness of
מוֹשֵׁל גּוֹיִם רוֹב

her iniquity.
עֲוֹנָהּ

Conjunctions.

אִם if, or
אִלּוּ if
אֲבָל, אוּלָם but, nevertheless
אוֹ either, or
עַל כֵּן, לָכֵן therefore, wherefore
כִּי for, because, that, if
אֲשֶׁר that, if
כְּמוֹ as
לוּלֵא unless
פֶּן lest
לְמַעַן, בַּעֲבוּר that
יַעַן, עֵקֶב because

Conjunctions are also expressed by the prefixes ו, כ, and ש·

ו· signifying *and, but, if, that, or, lest, although, therefore, &c.*

כ *as :* as כְּעִיר *as a city.*

ש (instead of אֲשֶׁר) *that :* שֶׁהַיָּמִים *that the days.*

כְּמוֹ has the affixes of a noun: as כָּמוֹנִי *as I,* כָּמוֹךָ *as thou,* כָּמוֹהוּ *as he,* כָּמוֹהָ *as she,* כָּמוֹנוּ *as we,* כְּמוֹכֶם *as you,* כְּמוֹהֶם *as they.*

EXERCISE.

עַל כֵּן שְׂנֵאתִי · לָכֵן אֱמוֹר · פֶּן יֶאֱנַף · לְמַעַן

be angry. say. hated.

יִרְבּוּ יְמֵיכֶם · עֵקֶב אֲשֶׁר שָׁמַע · יַעַן מָאַסְתָּ ·

hast rejected. heard. days may increase

לוּלֵא הֶאֱמַנְתִּי · בַּעֲבוּר תֵּדַע · כִּי אֵין כָּמוֹנִי ·

there is none mayest know. believed.

אֲבָל אֲשֵׁמִים אֲנַחְנוּ · הֲיֵשׁ לָכֶם אָב אוֹ אָח :

brother. father Is there? guilty

Express by words the conjunctions in the following exercise according to their order: thus, the first *if* express by אִם, the second by אִלּוּ; the first *because* by כִּי, the second by עֵקֶב, and so on.

If you will say. If we had been sold. If thou buyest. If

תֹּאמְרוּ נִמְכַּרְנוּ תִּקְנֶה

you will obey. Because she was afraid. Because you

תִּשְׁמְעוּן יָרְאָה

would believe. That I should go. That every man

הֶאֱמַנְתֶּם אֵלֵךְ

and woman. That you may remember. That they may keep.
וְאִשָּׁה תִּזְכְּרוּ יִשְׁמְרוּ

Lest you will be consumed.
תִּסָּפוּ

Interjections.

אוֹי, הוֹי, אוֹיָה, הִי, אַלְלַי woe! alas!	הֶאָח, אָח ah! oh!
חָלִילָה far from it! God forbid!	לוּא, לוּ, אַחֲלַי O that!
אָנָּא, נָא, בִּי I pray	הָבָה, הָבוּ, לְכָה come!
הִנֵּה, הֵן, רְאֵה behold! lo!	הֵא here

Exercise.

הֵא לָכֶם זֶרַע · הֵן קָנִיתִי · וְהִנֵּה שְׁלֹשָׁה אֲנָשִׁים ·
bought. seed.

רְאֵה אָנֹכִי נוֹתֵן · אוֹי לָךְ · בִּי אֲדֹנִי · אַחֲלַי
lord. give.

יִכּוֹנוּ דְרָכַי · הוֹי בָּנִים סוֹרְרִים · לוּ עַמִּי שׁוֹמֵעַ ·
stubborn. way. were directed

רְפָא נָא :
heal.

Behold! I have set before thee. O that! there were
3 נָתַתִּי לְפָנֶיךָ יֵשׁ

a sword in my hand. Woe unto them who say! Behold! I send!
חֶרֶב בְּיָדִי 2 הָאֹמְרִים שֹׁלֵחַ

Do not, I pray! put upon us sin. O that! it would be as
אַל 2 תָּשֵׁת חַטָּאת 2 יְהִי

thy word. Come! let us go down.
כִּדְבָרֶךָ נֵרְדָה

SYNTAX.

GENERAL REMARKS.

THE ARTICLE—HOW USED, AND WHEN OMITTED.

The article ה is used in the same manner as the definite article of the English language: as הָאִישׁ *the man,* הַסֵּפֶר *the book;* it sometimes denotes that the noun to which it is prefixed is to be used in a general sense, as רָעַת הָאָדָם *the wickedness of man,* i. e. mankind.

The article is prefixed to adjectives as well as to nouns: as הַגּוֹי הַגָּדוֹל *the great nation.* In some instances the noun has the article without the adjective, and in others the adjective without the noun: as הַכֶּבֶשׂ אֶחָד *the one lamb,* הָרִים הַגְּבֹהִים *the high hills.* The article is omitted, before proper names, before nouns in the constructive form, and before nouns having a possessive pronoun affixed.

NOUNS:—THEIR NUMBER—CASE—CONSTRUCTIVE AND ABSOLUTE FORMS—REPETITION—USE AS ADVERBS.

The plural number is used for the singular in nouns signifying dominion, majesty, or dignity: as וְלָקַח בְּעָלָיו *and his owner shall take;* בְּעָלָיו being used for בַּעְלוֹ· בָּרָא אֱלֹהִים *God created.*

The singular is sometimes used for the plural: as עֶבֶד וְשִׁפְחָה *men-servants and maid-servants,* for עֲבָדִים וּשְׁפָחוֹת·

The genitive case has its sign שֶׁל, omitted in Biblical Hebrew, and is denoted by the constructive form of the preceding noun: as דְּבַר הַמֶּלֶךְ *the word of the king,* for הַדָּבָר שֶׁל הַמֶּלֶךְ·

The dative is sometimes used for the genitive: as מִזְמוֹר לְתוֹדָה *a Psalm of thanksgiving;* when הָיָה or יֵשׁ precedes the dative the verb *to have* is expressed: הָיָה לוֹ *he had,* יֵשׁ לָנוּ *we have.*

The dative is often used in the same sense without these words: וּלְלָבָן שְׁתֵּי בָנוֹת *and Laban had two daughters.*

The accusative, like the objective of the English, follows active verbs: וַיַּעַשׂ אֶת הַשֻּׁלְחָן *and he made the table;* it sometimes also follows a passive verb: as יֵחָלֵק אֶת הָאָרֶץ *the land shall be divided;* and is occasionally used in the sense of the ablative: as כְּצֵאתִי אֶת הָעִיר *when I had departed from the city,* אֶת being used for מִן·

Three or more nouns signifying different things, are all but the last in the constructive form: שֹׁכְנֵי בָתֵּי חוֹמֶר *the dwellers, of the houses of clay.*

When two nouns come together, and the first is in the constructive form, the second is often used as an adjective to the first: as אַנְשֵׁי חַיִל *valiant men.*

Adjectives and participles are frequently put in the constructive form: as יִשְׁרֵי לֵב *upright in heart,* יֹרְדֵי בוֹר *they that go down to the pit.*

The absolute and constructive forms are occasionally used for one another: חוֹסֵי בוֹ *they who trust in him,* for חוֹסִים בּוֹ; טוּרִים אֶבֶן *rows of stone,* for טוּרֵי אֶבֶן·

When a noun in the constructive form is followed by the same noun in the plural number, or by one of the names of God, the superlative degree is expressed: as שְׁמֵי הַשָּׁמַיִם *the highest heavens;* הַרְרֵי אֵל *very high mountains.*

Nouns repeated denote distribution, increase, diversity, and emphasis: as עֵדֶר עֵדֶר *every drove,* בֶּאֱרוֹת בֶּאֱרוֹת *many pits,* אֵיפָה וְאֵיפָה *a great and small ephah,* בְּנִי בְּנִי *my son, my son.*

Nouns are often repeated after numeral adjectives expressing different degrees: as מְאַת שָׁנָה וּשְׁלֹשִׁים שָׁנָה וְשֶׁבַע שָׁנִים *one hundred and thirty-seven years.*

Nouns are used as adverbs, some with, and some without, the prefixes ב ל ם: as בְּחִפָּזוֹן *hastily,* בֶּטַח *safely.*

ADJECTIVES:—POSITION—AGREEMENT WITH NOUNS—DEGREES OF COMPARISON, ETC.

Adjectives, as stated in page 31, are generally placed after nouns, and agree with them in gender, number, and sometimes case: as דָּבָר טוֹב *a good thing,* דְּבָרִים טוֹבִים *good things.* When they are placed before nouns the verb *to be* is understood: as טוֹבָה הָאָרֶץ *the land* (is) *good.*

A noun, which in English is neuter, must sometimes be supplied after a feminine adjective: as לָשׁוֹן מְדַבֶּרֶת גְּדוֹלוֹת *a tongue that speaketh great* (things).

A singular adjective is sometimes joined to a plural noun: as יָשָׁר מִשְׁפָּטֶיךָ *thy judgments are right.*

When an adjective or participle qualifies two or more nouns of different genders, it is generally put in the plural number and masculine gender: as אַבְרָהָם וְשָׂרָה זְקֵנִים *Abraham and Sarah were old*; it sometimes, however, has the same gender and number as the noun which is nearest to it: as אַפִּי וַחֲמָתִי נִתֶּכֶת *my anger and my wrath shall be poured out.*

The comparative degree is often expressed by יוֹתֵר preceding the adjective, and the superlative by מְאֹד following it, or by the repetition of the adjective: as יוֹתֵר צַדִּיק *more just,* טוֹב מְאֹד or טוֹב טוֹב *very good.*

Adjectives are often used as nouns: as דֶּרֶךְ צַדִּיקִים *the way of the righteous* (men).

PERSONAL PRONOUNS:—THE VERB OMITTED—EXPRESSED BY A REPETITION OF THE NOUN—THE PRONOUNS הוּא הֵם—THE DATIVE AND ACCUSATIVE CASE, ETC.

When personal pronouns are placed in a sentence without any verb, the verb *to be* is understood: as קָדוֹשׁ אֲנִי *I* (am) *holy*, אוֹת הִיא *it* (is) *a sign*.

A noun is sometimes repeated instead of using a pronoun: as וְשָׁמְרוּ בְנֵי יִשְׂרָאֵל אֶת הַשַּׁבָּת לַעֲשׂוֹת אֶת הַשַּׁבָּת *and the children of Israel shall keep the sabbath to observe the sabbath*; the noun שַׁבָּת is repeated instead of אוֹתוֹ *it*.

הוּא and הֵם are sometimes used in the sense of the verb *to be:* as אֶרֶץ מִצְרַיִם לְפָנֶיךָ הִיא *the land of Egypt is before thee.*

Personal pronouns in the dative case, without having any signification, frequently follow verbs: as שְׁבוּ לָכֶם *abide.*

The accusative case of the pronoun is often omitted: as וַיִּקַּח מִיָּדָם *and he took* (it) *from their hand.*

A personal pronoun is often introduced in a sentence in addition to the noun it represents, and also with a verb, although the verb includes the pronoun: as וְהֶבֶל הֵבִיא גַם הוּא *and Abel also brought* (he), אַתָּה תְדַבֵּר *thou shalt speak.*

When pronouns are affixed to intransitive verbs, some preposition must be supplied between the verb and the pronoun: as יְגֻרְךָ *it shall dwell* (with) *thee.*

THE RELATIVE PRONOUN:—OMISSION—ITS CASES—FOLLOWED BY שָׁם.

The relative pronoun אֲשֶׁר is often omitted: as בְּאֶרֶץ לֹא לָהֶם *in a land* (that) *is not theirs.*

Although אֲשֶׁר does not admit of any variation, yet its cases may be thus expressed—

Nom. אֲשֶׁר who *or* which.

Dat. אֲשֶׁר לוֹ to whom *or* to which.

Accus. אֲשֶׁר, אֲשֶׁר אוֹתוֹ whom *or* which.

Abl. אֲשֶׁר בּוֹ, אֲשֶׁר מִמֶּנּוּ in whom, in which, from whom, from which.

The genitive is expressed by the possessive pronoun affixed to the noun following: אֲשֶׁר רוּחוֹ *whose spirit.*

When the sign of the cases is prefixed to the relative אֲשֶׁר, the antecedent is understood: as אֵת אֲשֶׁר עָשָׂה *the* (thing) *which he did.*

When אֲשֶׁר and שָׁם or שָׁמָּה are connected, they express the adverbs *where, whither, whence:* אֲשֶׁר אַתָּה בָא שָׁמָּה *whither thou goest.*

When any preposition is required before אֲשֶׁר it is expressed in the same manner as the dative or ablative case: the pronoun affixed to such preposition being in the same gender and number as the antecedent: as הָאָרֶץ אֲשֶׁר אַתָּה שֹׁכֵב עָלֶיהָ *the land upon which thou liest.* עָלֶיהָ fem. sing. to agree with אֶרֶץ.

Demonstrative Pronouns:—their position—used as adverbs—interrogative pronouns—used as adverbs—their various significations.

Demonstrative pronouns, like adjectives, are placed after nouns, and agree with them in gender and number. They have also the article prefixed: as הַדָּבָר הַזֶּה *this thing,* הַדְּבָרִים הָאֵלֶּה *these things.*

When the demonstrative precedes the noun, the article is

omitted and the verb *to be* is understood: as זֶה הַדָּבָר *this is the thing.* זֹאת הָאִשָּׁה *this is the woman.*

זֶה is often used as an adverb of time or place: as זֶה כַּמֶּה שָׁנִים *now so many years,* שְׁבוּ לָנוּ בָזֶה *tarry here for us.*

The interrogative pronoun מָה, מֶה, מַה is sometimes rendered by *why* or *how*: מַה־תִּצְעַק אֵלָי *why dost thou cry to me?* מַה־טֹּבוּ *how goodly.* With the prefixes ב, כ, ל it has various significations: as בַּמֶּה, בַּמָּה *wherefore, wherein*; כַּמָּה *how much? how often?* לָמָּה *why? what for?*

The interrogative מִי placed after the thing or person inquired about, is rendered by *whose*: as בַּת מִי *whose daughter?*

מִי followed by יִתֵּן, thus מִי יִתֵּן, expresses a wish: as מִי יִתֵּן מוּתֵנוּ בְיַד ה׳ *would that we had died by the hand of the Lord.*

VERBS:—AGREEMENT WITH THEIR NOMINATIVES—THEIR MOODS AND TENSES, PARTICIPLES, ETC.

Verbs generally agree with their nominative case in gender, number, and person: as וַיָּרָץ הָעֶבֶד *and the servant ran,* וַיִּשְׁאֲלוּ אַנְשֵׁי הַמָּקוֹם *and the men of the place asked,* וַתָּקָם הִיא *and she arose.*

Note.—There are several exceptions to this rule, principally with the verb הָיָה: as וְלֹא נִמְצָא נָשִׁים *and women were not found*; נָשִׁים plural feminine, נִמְצָא singular masculine: וַיְהִי אֲנָשִׁים *and there were men*; אֲנָשִׁים plural masculine, and וַיְהִי singular masculine.

A noun of multitude in the singular may have a verb either in the singular or plural: as וַיַּרְא הָעָם *and the people saw,* וַיִּירְאוּ הָעָם *and the people feared.*

A verb in the plural number, having two or more nominatives of different genders, is frequently put in the masculine gender; but if the verb is singular, then it agrees with the nearest nominative: as בְּנֵיהֶם וּבְנוֹתֵיהֶם יָמֻתוּ *their sons and daughters shall die,* יִשְׂמַח אָבִיךָ וְאִמֶּךָ *thy father and mother shall rejoice.*

When two or more nominatives in the singular number precede the verb, the verb is generally in the plural; but if they follow the verb, the verb is then put in the singular: as וּמשֶׁה אַהֲרֹן וְחוּר עָלוּ *And Moses, Aaron, and Hur ascended,* וַיַּעַן לָבָן וּבְתוּאֵל *and Laban and Bethuel answered.* עָלוּ plural, וַיַּעַן sing.

A verb preceded by כָּל־ *every,* may be either singular or plural: as כָּל־נְדִיב לֵב הֵבִיאוּ *every one willing-hearted brought,* כָּל־אֲשֶׁר יִפּוֹל *everything that shall fall*; the former verb in the plural, the latter in the singular.

When a verb is in the third person, without any subject, the pronoun *some one,* or *it,* may be supplied: as עַל כֵּן קָרָא *therefore some one called,* וַיֻּגַּד לַמֶּלֶךְ שְׁלֹמֹה *and it was told to king Solomon.*

The indicative mood, either with or without conjunctions before it, may be used as the potential or subjunctive mood of the English: as יִהְיוּ *may they be,* לְמַעַן יִרְבּוּ *that they may multiply,* פֶּן תִּשָּׂא *lest thou lift up.*

The infinitive mood very frequently expresses the sense of some other part of the verb: as בְּשְׁלֹחַ אֹתִי *when he sent me* (as the past), הָלוֹךְ וְתָקוֹעַ *going on and sounding* (as the participle). Connected with some other part of the same verb, it expresses emphasis: as הִמָּצֵא תִמָּצֵא *it shall certainly be found.*

The infinitive is sometimes used as an adverb or a noun: as הֵיטֵב *well,* צֵאתְךָ *thy going out.*

When a verb in the infinitive follows a finite verb, the former is used as the principal verb, and the latter as an adverb: as מִהַרְתָּ לִמְצֹא *thou hast found quickly.* מִהַרְתָּ used as adverb.

The past tense may be used as the imperfect, perfect, or pluperfect tense of the English language, according to the signification of the context: as פָּקַדְתִּי *I visited, I have visited,* or *I had visited.*

The past is sometimes used in the sense of the present, chiefly when preceded by עַתָּה; and in that of the future when ו is prefixed to it, and frequently without the ו: as אַתֶּם יְדַעְתֶּם *you know,* עַתָּה נִבְרְאוּ *they are now created,* וְקִדַּשְׁתֶּם *aud you shall sanctify,* בִּלַּע הַמָּוֶת *he will swallow up death.*

The future is used in the sense of the past tense when the continuance or frequency of an action is expressed; also when ו is prefixed to it, or אָז precedes it: as כֵּן יִהְיֶה תָמִיד *so it was always,* וַיָּנֻסוּ *and they fled,* אָז יַבְדִּיל *then he separated.* And in the sense of the past or present when preceded by טֶרֶם: as טֶרֶם יִצְמָח *before it grew,* הֲטֶרֶם תֵּדַע *Dost thou not yet know?*

The future preceded by the negative adverb אַל or לֹא is used as the imperative: as אַל תֹּאמַר *do not say,* לֹא תֵלֵךְ *do not go;* without the negative it is frequently used as the imperative: as תִּירָא *fear.* The first and third persons of the imperative are supplied by the same persons of the future: as אֵלְכָה *let me go,* יֹאמַר *let him say.*

Participles, as stated in page 59, are often used with the personal pronouns to express the present tense: as אָנֹכִי הוֹלֵךְ *I go.*

The present participle sometimes expresses the sense of the past or future tense: as יֹצֵאת *came out,* הִנְנִי מֵקִים *behold I will establish.*

Participles are sometimes used as the present tense without having any pronoun expressed; in such a case a pronoun of the third person is understood, as אֹהֵב *he loveth*; מַכֶּה *he who smiteth.*

Participles are used as nouns or adjectives: as שׁוֹמֵר *he who keepeth*, or *a keeper*, פָּתוּחַ *opened* or *open.*

Verbs and nouns derived from the same root, are often joined together, as וַיִּדַּר יַעֲקֹב נֶדֶר *and Jacob vowed a vow*, לִלְבּוֹן הַלְּבֵנִים *to make bricks.*

The verbs יָסַף and שׁוּב are often used as adverbs; יָסַף signifying *more*, and שׁוּב *again*, as לֹא תֹסִיפוּן לִרְאוֹת פָּנָי *ye shall no more see my face*, יָשׁוּב יְרַחֲמֵנוּ *He will again have mercy on us.*

Many verbs express qualities, as גָּדַל *he was great*, חָכַם *he was wise.*

The signification of verbs often depends upon the preposition or the word אֵת following them, thus עָנָה followed by אֵת signifies *to answer*; but when followed by ב, it signifies *to testify.*

Adverbs and Prepositions—the letters ב כ ל מ—their use and omission—adverbs, prepositions and conjunctions connected together.

Adverbs repeated denote intensity, as מַטָּה מַטָּה *very low.*

Some words are used both as adverbs and prepositions; some as adverbs and conjunctions; and others as prepositions and conjunctions, as בְּלִי *not, without*; אַךְ *only, but*; עַל *upon, because.*

Many adverbs and prepositions have the letters ב כ ל מ prefixed, by which some become changed in their signification, and others remain the same with, or without them, thus—אָז *then*, מֵאָז *since*, טֶרֶם *before*, בְּטֶרֶם *before*, עַל *upon*, כְּעַל *according to*, מִן *from*, לְמִן *from.* Sometimes the prefix and the word are each rendered separately, thus לִפְנֵי *before*, מִלִּפְנֵי *from before.*

The following are some of the principal having ב כ ל מ

prefixed, with their signification:—לְבִלְתִּי, בִּלְתִּי not, מִבִּלְתִּי because not; מִלְּבַד, לְבַד besides; שָׁם there; מִשָּׁם thence; לֹא not; בְּלֹא without; מִחוּץ, חוּץ without; עַתָּה now; מֵעַתָּה from now; מְעַט little; כִּמְעַט almost; לְבְלִי, בְּלִי not, without; מִבְּלִי because not; אַיִן not; מֵאַיִן, בְּאַיִן without; לְפָנִים, מִלְּפָנִים formerly; עַל upon; מֵעַל from upon; עִם, אֵת with; מֵאֵת, מֵעִם away from; תַּחַת under; מִתַּחַת from under; אֵצֶל near; מֵאֵצֶל from near; נֶגֶד over against; כְּנֶגֶד corresponding with; לְנֶגֶד in the presence of; מִנֶּגֶד away from; נֹכַח over against; לְנֹכַח for; עַד unto; בְּעַד around; בֵּין between; מִבֵּין from between; מִסָּבִיב, סָבִיב round about; מִבַּלְעֲדֵי, בַּלְעֲדֵי except.

Many prepositions are followed by the dative case: as מִתַּחַת לָרָקִיעַ *from under the firmament*; סָבִיב לַמִּשְׁכָּן *round about the tabernacle.*

ב כ ל ם are often used for one another: as לֵךְ לְשָׁלוֹם *go in peace*, instead of בְּשָׁלוֹם; they are also sometimes omitted; as בֵּית פַּרְעֹה *the house of Pharaoh*, for בְּבֵית פַּרְעֹה *in the house of Pharaoh.*

ב or כ prefixed to a verb in the infinitive mood is generally rendered by *when*, and the verb is considered as finite: as בְּבֹא *when he came*, כְּכַלּוֹת *when he ended.*

When two or more words expressing adverbs, prepositions, or conjunctions follow one another, they are sometimes rendered separately, but for the most part together as one word; as will be seen from the following: as עַד אִם, עַד אֲשֶׁר *until*; עַד מְהֵרָה *very quickly*; עַד לִמְאֹד *very much*; עַד בִּלְתִּי *till not*; עֵקֶב אֲשֶׁר, יַעַן אֲשֶׁר *because*; לְמַעַן אֲשֶׁר *that*; מִבְּלִי אֵין *because not*; אַף אָמְנָם *even*; אַף־גַּם *besides, also*; אַף כִּי *how much more, how much less*; גַּם כִּי *although*; בִּלְתִּי אִם *except*; אֶל מוּל *towards*; אֶל בֵּין *among*; אֶל אַחֲרֵי *behind*; אֶל אֲשֶׁר *thereto*; אֶל תַּחַת *under*; אֶל מִחוּץ *outward*; אֶל מִבֵּית *within*; חוּץ מִן *except*; עַל אֲשֶׁר *although*;

עַל כֵּן *therefore* ; כִּי אִם *although, except* ; כִּי עַל כֵּן *because* ; אַחֲרֵי כֵן *afterwards.*

Alphabetical List of the Prefixes and Affixes.

PREFIXES.

א *I*, future tense, as אֶלְמוֹד *I shall learn.*

ב *In, with, by, on, &c.*, as בָּעִיר *in the city*; superlative degree of comparison, as יָפָה בַּנָּשִׁים *the fairest of women*; changes the sense of the infinitive: as בּוֹא *to come,* בְּבֹא *when he came.*

ה definite article: as הָאֵשׁ *the fire*; vocative case, as הַדּוֹר *O generation!* relative pronoun, as הַהוֹלֵךְ *who goeth*; interrogation, as הֲשָׁלוֹם *is there peace?* passive and causative forms of the verb, as הִפָּקֵד *to be visited*; הִפְקִיד *he caused to visit.* הת reflective form of the verb, as הִתְמַכֵּר *he sold himself.*

ו *and, but, &c.*, as וְאִישׁ *and a man,* וְאִם *but if*, changes the sense of the tenses, as וְאָמַרְתִּי *and I will say,* וָאוֹמַר *and I said.*

י *he* or *it* (future), as יִשְׁמֹר *he* or *it shall keep.*

כ *according to, about, as, &c.*, as כְּכֹל *according to all,* כְּעֶשְׂרִים *about twenty,* כְּדֶרֶךְ *as a way*; changes the sense of the infinitive, כַּלּוֹת *to end,* כְּכַלּוֹת *when he ended.*

ל *to, for, of, in order to,* as לְאָב *to a father,* לְרֹאשׁ *for the head,* לַחֹדֶשׁ *of the month,* לִשְׁמֹעַ *in order to hear.*

מ *from, out of, on account of,* as מֵאֶרֶץ *from the land,* מִבַּיִת *out of the house,* מֵעָנְיִי *on account of affliction*; comparative degree as נֶחְמָד מִזָּהָב *more desirable than gold*; *some,* as מִדָּם *some of the blood*; participle, as מְלַמֵּד *teaching.*

נ passive form of the verb, as נִשְׁמַר *he was kept*; *we* (future) as נִפְקוֹד *we shall visit.*

שׁ relative pronoun, conjunction; as שֶׁיֹּרֵד *that descendeth,* שֶׁהַיָּמִים *that* (conj.) *the days.*

ת *thou,* (future) *she* or *it,* (future) as תִּלְמֹד *thou shalt learn,* תִּפְקֹד *she* or *it shall visit.*

Affixes.

ה feminine gender, as אִישׁ טוֹב *a good man,* אִשָּׁה טוֹבָה *a good woman*; *to,* as מִצְרַיְמָה *to Egypt*; *his,* as אָהֳלֹה *his tent*; *her* or *its* (f.), as בֵּיתָהּ *her house,* אֶפְרוֹחֶיהָ *its* (f.) *young*; *her* or *it,* (accusative) as לְקָחָהּ *he took her* or *it*; *she* (past), as פָּקְדָה *she visited*; sometimes no signification, as שְׁמַע or שִׁמְעָה *hear*; הוּ *him* or *it* (m.), *his* or *its* (m.), as יִשְׁמְרֵהוּ *he will keep him* or *it,* אוֹרֵהוּ *his* or *its* (m.) *light.* הֶם *their* or *them* (m.), as עֵינֵיהֶם *their eyes,* עֹשֵׂיהֶם *who made them*; הֶן *their* (f.) or *them* (f.), as יַלְדֵיהֶן *their* (f.) *children,* אַחֲרֵיהֶן *after them* (f.)

ו *his* or *its* (m.), as מְקוֹמוֹ *his* or *its* (m.) *place*; *him* or *it* (m.), as יְצַרְתִּיו *I have formed him* or *it*; *they* (past), as עָמְדוּ *they stood*; *you* (m.), imperative, as דִּרְשׁוּ *seek you* (m.) וֹת feminine plural, as רַע *evil* (sing.), רָעוֹת (plural).

י *my, me,* as בֵּיתִי *my house,* לְשֹׂנְאָי *of those hating me*; *thou* (f.), imperative, as פִּתְחִי *open thou*; constructive form plural, as דִּבְרֵי *words of*; sometimes no signification, as יוֹשֵׁב or יוֹשְׁבִי *sitting.* ־ִים masculine plural, as קָטָן *little* (sing.) קְטַנִּים (plur.) ־ַיִם dual, as יָדַיִם *hands.*

ךָ, כָה or כִי *thy, thee,* as בִּנְךָ *thy son,* יָדְכָה *thy hand,* חַיָּיְכִי *thy life,* אֶזְכָּרֶךָּ *I will remember thee,* יְבָרְכוּכָה *they will bless thee,* עָלָיְכִי *upon thee*; כֶם *your* (m.) or *you* (m.), as אַרְצְכֶם *your land,* יַעְזְרֻכֶם *they will help you*; כֶן *your* (f.) or *you* (f.), אֲבִיכֶן *your* (f.) *father,* אִתְּכֶן *with you* (f.)

ם, מוֹ *their* (m.), as גַּפְנָם *their vine,* עֲנָבֵימוֹ *their grapes*; *them* (m.), as נְשָׂאָם *to bear them,* כִּסָּמוֹ *it covered them.*

ן *their* (f.) as עוֹרָן *their skin*; *them* (f.), as אֲשִׂימֵן *I will put them* (f.); sometimes no signification, as תִּשְׁמְעוּן or תִּשְׁמְעוּ *you will hear*; נִי *me* as שְׁמָעֵנִי *hear me.* נָּה *her* or *it* (f.) as תְּבַקְשֶׁנָּה *thou shalt seek her* or *it.* נָה *you* (f.) imperative, as לֵכְנָה *go you* (f.) נּוּ *him* or *it* (m.), יִשְׁמְרֶנּוּ *he will keep him* or *it.* נוּ *we*, past tense, *our, us*, as זָכַרְנוּ *we remembered*, מַלְכֵּנוּ *our king*, פָּקְדֵנוּ *visit us.*

ת *thou* (past), as שָׁאַלְתָּ *thou hast asked*; תִי *I*, as צָפַנְתִּי *I hid*; תֶם *you* (m.), as עֲשִׂיתֶם *you did*; תֶן *you* (f.), as מְצָאתֶן *you have found.*

Prefixes and Affixes in the same Word.

י—ו *they* (m.) future, as יָקוּמוּ *they shall arise*; ת—ו *you* (m.). future, as תִּסְפְּרוּ *you* (m.) *will count*; ת—נה *you* (f.) future, or *they* (f.) future, as תִּזְכֹּרְנָה *you* (f.), or *they* (f.) *shall remember.*

Prefixes and Affixes forming Nouns.

The letters א ה מ נ ת י ו, besides their uses above explained, are added to the root, for the purpose of forming nouns, as follow —מִזְבֵּחַ *an altar*, from זָבַח *to sacrifice*; יִצְהָר *oil*, from צָהַר *to shine*; תַּאֲוָה *desire*, from אָוָה; בְּרָכָה *blessing*, from בָּרַךְ; עֲטֶרֶת *crown*, from עָטַר; שְׁאֵרִית *remainder*, from שָׁאַר; מַלְכוּת *kingdom*, from מָלַךְ; אַבְדָן *destruction*, from אָבַד; חֶשְׁבּוֹן *account*, from חָשַׁב; אֶצְעָדָה *bracelet*, from צָעַד; אַשְׁמֹרֶת *nightwatch*, from שָׁמַר; מִלְחָמָה *battle*, from לָחַם; מַמְלֶכֶת *kingdom*, from מָלַךְ; תְּבוּנָה *understanding*, from בּוּן; תִּפְאֶרֶת *glory*, from פָּאַר.

Note.—ו and י are often added in the middle of the root to form a noun: as אוֹצָר *treasure*, from אָצַר; אוּלָם *vault*, from אָלַם; גְּבוּל *border*, from גָּבַל; שָׁלוֹם *peace*, from שָׁלַם; קָצִיר *harvest*, from קָצַר; תַּמְרוּק *purification*, from מָרַק; תַּכְרִיךְ *mantle.*

Exercise.

Give the prefixes that express the following :—prepositions, conjunctions, personal and relative pronouns, the degrees of comparison, the form of the verb, and the participle.

Give the signification of the following affixes :—

נוּ מוֹ נָה נּוּ הוּ הֶם

Give the affixes for the following :—the plural number masculine and feminine, the constructive form, the dual, and the accusative pronouns *thee, you, me*, and *her*.

Express you (m.) future, *they* (f.) future, and *you* (f.) future.

Say what letters are added to the root in the following nouns :—

מַמְלָכָה · מַפְתֵּחַ · אַזְכָּרָה · גְּבֶרֶת · מַשְׂכֹּרֶת · גַּבְהוּת ·
זִכָּרוֹן · מַאֲבֶלֶת ׃ עוֹלָם · עָרִיץ · תַּבְעֵרָה ׃

To find out the Root.

Reject the prefixes and affixes, and the three remaining letters are the root: thus תִּזְכֹּרְנָה *you will remember*; reject the prefix ת, and the affix נָה, as being the second person plural feminine of the verb, and the letters ז כ ר which remain, are the root: מֶמְשַׁלְתְּךָ *thy dominion*; reject the prefix מ and affix ת, as forming the noun, the affix ך for the possessive pronoun, and the letters מ ש ל are the root.

Exercise.

Give the root of the following words :—

יַעַשְׂקוּנִי · זִכְרוֹנְךָ · לִפְגֹּעַ · מִשְׁמֶרֶת · וְלַקֹּסְמִים ׃
בְּשַׁלְּחֵנוּ · וַתְּדַבֵּרְנָה · בְּנַחֲלָתְךָ · בְּקִרְבְּכֶם · מִקָּדְשְׁךָ ·

הִדְבַּקְתִּיךָ · יְדְרְשׁוּנִי · וַיַּעְקְבֵנִי · וּבֵרַכְתִּךָ · אֶפְקְדְכֶם ·
הִסְתַּכֵּל · אַזְכָּרָתָהּ · וַיִּשְׁחֲטֵאוּ · הַמְצִיאוּ · לִנְתָחֶיהָ ·
וְהִקְהַלְתָּ · הַקְטֹרֶת :

If after rejecting the prefixes and affixes only two letters remain, supply either ל, נ or י at the beginning, ו in the middle, ה at the end, or the same letter as the second: examples, אֶקַּח *I shall take*, from לָקַח ; אֵרֵד *I shall descend*, from יָרַד ; יִגֹּף *he will hurt*, from נָגַף ; קַמְתִּי *I arose*, from קוּם ; עָלוּ *they ascended*, from עָלָה ; עֻזִּי *my strength*, from עָזַז·

The following rules will in most cases show what letter is to be supplied :—

1st.—If a dagesh be in the first of the two radicals, נ must be supplied at the beginning: as יִטּשׁ from נָטַשׁ, תִּגַּע from נָגַע· The following two letters קח, תע, צב, צג, צע, צק, צר, צת are exceptions to this rule; for although there is a dagesh in the first, ל must be supplied before קח and תע, and י before the rest: as יִקַּח from לָקַח, נִתְּעוּ from לָתַע, מַצֵּב from יָצַב, יַצֵּג from יָצַג, יַצִּיעוּ from יָצַע, אֶצֹּק from יָצַק, יִצְּרֵהוּ from יָצַר, וַתִּצַּת from יָצַת·

2nd.—If a dagesh be in the second radical, the same letter as the second must be supplied: as גַּלּוֹתִי from גָּלַל·

3rd.—If neither have a dagesh, and the prefixes have ־ָ, ו or וּ, or if ֵ come between the prefix and the radical, י must be supplied at the beginning: as תֵּשֵׁב from יָשַׁב, מוֹרָשׁ from יָרַשׁ, מוּסָר from יָסַר, הוּדַע from יָדַע·

4th.—If י or ות (infinitive) follow the second, ה may be sometimes supplied at the end: as עָלִיתָ, עֲלוֹת from עָלָה·

5th.—If only one letter remain, נ must be supplied at the beginning and ה at the end: as וַיַּךְ from נָכָה·

Exercises on Irregular Roots.

Exercise I.

Give the root of the following words :—

תִּדְפֶּנּוּ · מוֹרָשָׁה · יִקָּחֵהוּ · הִכִּירוּהוּ · אֶצָּרְךָ · הוּשְׁבִי ·
צִוִּיתָנִי · תַּגִּידוּ · עֲשִׂיתֶם · הוֹרִישׁ · הוֹצִיא · וְהִכִּיתָם ·
וְחֻקָּיו · מִמּוֹשְׁבוֹתֵיכֶם · וַיֵּט · וַיַּךְ · וַיַּשְׁקֵהוּ · וַיִּפְּלוּ ·
אַצִּיעָה · סֹלּוּ · זַמּוֹתִי · מוֹעֲדִים · תּוֹשָׁב · יִדְּבֶנּוּ ·
תּוֹלְדוֹת · הַטּוּ · תַּשִּׂיג · נִגְלֵיתָ · סַכֹּתָ · הוּלְדוֹ · תַּמּוּ ·
קַלּוֹתָ · וּמֵעַמּוֹ · לִבְנוֹת · וְלִבְכּוֹת :

Exercise II.

Give the root of the following words—

Note.—This exercise contains only words which have their last radical ה, or the middle radical ו omitted; and their roots can only be ascertained by comparing their forms with the different parts of גָּלָה and קוּם.

בָּנוּי · מִתְכּוֹנֵן · הַמְחַכִּים · יִמָּנוּ · יְכוֹנֵן · יָמוּךְ :
יִכְלוּ · אוֹתִיתָהּ · לְהָאִיר · בֹּכִים · נִבְעוּ · יָבוּם ·
לִדְחוֹת · תַּבְרֵנִי · נִדְמוּ · תָּדוּץ · מִתְבּוֹשֵׁשׁ · בָּזוּי ·
בָּלוּ · מֵרִים · תְּרוֹמְמֵנִי · וּלְזָרוֹתָם · חַשְׁתִּי · הִתְעוּ ·
מַחְשִׁים · יָמוּת · וְכִבּוּ · הִתְמוֹטְטָה · נָחִיתָ · וַיִּנָּחֵם ·
לְהָנִיחַ · מְנַדֵּיכֶם · וְסַרְתֶּם · תָּנִיף · יִמְצוּ · יִמַּסֵּם ·
אֲכַנְּךָ · עָלוֹת (infin.) · הוּנַף · מָחֹה · תְּדִינֵנִי ·
וַיָּשִׂימוּ :

Exercise III.

On Words belonging either to Roots whose Second and Third Radicals are alike, or to those Quiescent in ו Second Radical.

Note.—As the dagesh in the second radical, which denotes the root to be of the double kind (as עֻזִּי from עָזַז), cannot be placed in all parts of the root (as יוּסַב from סָבַב); and as many parts of the roots quiescent in ו are similar to those of the double kind (as מִתְבּוֹשֵׁשׁ from בּוּשׁ, מִתְרוֹנֵן from רָנַן), observe the following.—When the word contains any of the two letters given below the exercise, its root is of the double kind, and when containing any other two letters, its root is quiescent in ו; thus רן is from the root רָנַן, as רן is given in the list, but בש is from בּוּשׁ, as it is not found in the list.

וְהֵגֵן · הִבּוֹק · יִתְבּוֹלָל · דוֹבֵב · יָזוּב · הִטּוֹחַ ·
וַתָּחָם · וַיָּחָם · יְכוֹנֵן · יִתְלוֹנָן · שִׁירָה · וַתָּלָשׁ ·
אֶשְׁתּוֹנַן · וַיְקוֹנֵן · קוּם · סוֹב · וַיָּלֶט · מָגֵן · לְהָקֵל ·
דָּל · נָמוֹט · יָשִׁיר · יָלוֹקוּ · חֵן · מִתְהַלֵּל · פַּת ·
אָשִׁים · יָשִׁים · יָחְנְךָ · וַיְמוֹדֵד · נָסוֹג · נִחָרוּ ·
אֶשְׁתּוֹלְלוּ · תִּתְגּוֹדְדוּ · מִסְתּוֹלֵל · יְקוֹסֵם · יֵרַךְ :

Letters belonging to Roots having their Second and Third Radicals alike, alphabetically arranged.

בל · בק · בר · גד · גן · דב · דל · דם ·
הל · הם · זל · זם · חם · חן · חץ · חק ·
חר · חת · טף · כף · לה · מד · מס · סב ·

סל · על · עם · פל · פת · קב · קל . קם ·
רך · רן · שך : של · שם · שן · תל · תע :

Note 1.—Some of the above letters may belong also to roots the last radical of which is ה; but the exercise does not contain any such words.

2nd.—Some words containing two letters may belong to three roots, thus the letters גל may be either from גָּלָה, גָּלַל or גּוּל, these can only be obtained by practice.

3rd.—There are a few roots which are considered by some grammarians to have י as their second radical, and by others to have ו; thus מוּר or מִיר to change.

ACCENTS.

Accents are used: 1st.—To regulate the sense of words, by shewing whether they are to be connected with, or separated from, other words.

2nd.— To point out the syllable upon which the voice must rest: as שִׁמְרוּ; they are of two kinds, conjunctive and disjunctive.

The following is a table of the names, form, and position of the accents.

Note.—The א is given to denote the form and position.

The C. denotes that the accent is conjunctive; if not marked it is disjunctive: thus זַרְקָא is conjunctive, being marked C. א֮.

FORMS.	NAMES.	FORMS.	NAMES.
C. א֡	פָּזֵר	C. א֮	זַרְקָא
C. א֪	יָרֵחַ בֶּן יוֹמוֹ	C. א֣	שׁוֹפָר הוֹלֵךְ · מוּנַח
א֠	קַרְנֵי פָרָה	א֒	סְגוֹלְתָא · סֶגוֹל

FORMS.	NAMES.	FORMS.	NAMES.
א֞	שְׁנֵי גְרִישִׁין · גֵּרְשַׁיִם	א֠	תַּלְשָׁא · תְּלִישָׁא גְּדוֹלָה
	תְּרֵי טַעֲמֵי · מֵרְכָא	א֨	אַזְלָא
א֦	כְּפוּלָא	א֜	גְּרִישׁ
C. א֧	דַּרְגָּא	א ׀	פְּסֵק
א֛	תְּבִיר	א֗	רְבִיעַ
C. א֥	מַאֲרִיךְ · מֵרְכָא	C. א֤	מְהוּפָּךְ
א֖	מַרְחָא · טִפְּחָא	C. א֨	קַדְמָא
א֑	אַתְנָח · אֶתְנַחְתָּא	א֙	פַּשְׁטָא
א֚	יְתִיב	א֔	זָקֵף קָטוֹן
א֩	תְּרְצָא · תְּלִישָׁא קְטַנָּה	א֕	זָקֵף גָּדוֹל
אֽ	סוֹף פָּסוּק · סִלּוּק	א֓	שַׁלְשֶׁלֶת

The principal pause or disjunctive accents are (אֽ) סוֹף פָּסוּק, (א֑) אַתְנָח, (א֗) רְבִיעַ, (א֔) זָקֵף קָטוֹן, (א֕) זָקֵף גָּדוֹל; the (אֽ) and (א֑) being the longest.

The pause accents, particularly סוֹף פָּסוּק and אַתְנָח, change the point of the word to which they are joined: thus יָֽצָר for יֵצֶר; כְּחַסְדֶּֽךָ for כְּחַסְדְּךָ.

When a word has the same accent upon two separate syllables, the stress of the voice is upon the former syllable, as הַשֹּׁ֨מֵ֨שׁ; but when the accents are different, the stress is upon the latter syllable: thus וְהִכִּיתָֽה.

The accents א֟, א֡, א֩, א֚ (יְתִיב), א֙ (פַּשְׁטָא), and א֨, do not serve to show the stress: thus לָקַ֫חְתִּי, this word is not read with the stress upon the syllable תִּי, but on the syllable קַח.

The following do not receive the accent:—

A letter having a sheva, a letter having a vowel point in the place of sheva (to prevent two (:) coming together), and a letter followed by ה when used for a preposition, or when it (the ה) has no signification.

Additional Rules for the Position of the Accent.

Note.—As the following rules would be unintelligible without a knowledge of the verbs, they are introduced here instead of being continued at page 24.

Verbs, the second radical of which has a vowel point, take the accent on the second radical, unless an accusative pronoun is affixed: thus אֶזְכּוֹר, זָכַר, זָכַרְתִּי; זְכַרְתֶּם.

Participles, except in the feminine singular ending in ֶת, have their accents milrang: as קָמָה, שָׁבָה; מְדַבֶּרֶת.

The following class of verbs, having their accent milrang in the future tense, change it to milgnel when ו (which changes the future into the past) is prefixed to them: *viz.* quiescent verbs, having א or י for their first radical, ו for their second, or ה for their third; also verbs having their second and third radicals alike: thus יֹאכַל הַמְּאָה, וַיֹּאכַל וַיֵּשְׁתְּ, לֹא תֹסֵף עוֹד, וַתֹּסֶף, וְכִי יָמוּת, וַיָּמָת שָׁם, יִבְנֶה, וַיִּבֶן, נָסֹב, וַנָּסָב.

Verbs, having their accent milgnel in the first and second persons past tense, change it to milrang when ו, (which changes the past into the future) is prefixed to them: thus שַׂמְתִּי, וְשַׂמְתִּי, קַמְתָּ, וְקַמְתָּ.

When any point of a word is changed by a pause, the accent will be on the point changed: thus דְּבָרֶךָ changed from דְּבָרְךָ.

It has been stated (page 23) that when the former of two words has the accent milrang, and the latter is accented on the first letter, the milrang of the former becomes milgnel: as רֹ֫דְפֵי, רֹדְפֵי צֶ֫דֶק.—In the following instances however the former word retains the accent in its usual position:—

1st.—When it has a disjunctive accent: שָׁכַ֫ע עֶ֫בֶד.

2nd.—When preceded by a makkaph: as כִּי־יִמָּצֵ֫א אִ֫ישׁ.

3rd.—When having a conjunctive accent, with פַּשְׁטָא on the latter word: as נוֹתֵ֫ן בּוֹ.

4th.—When having a dagesh in the letter accented: as יַכֶּ֫ה אִ֫ישׁ.

5th.—When having a silent sheva before the letter accented: as וּמַלְאָ֫ךְ בָּא.

6th.—When its last letter is sounded, and is preceded by a long vowel: as טָהוֹ֫ר הוּא.

7th.—When having the syllables הֶן, הֶם, כֶן, כֶם, תֶן, תֶם affixed: as בְּנִיתֶ֫ם לִי.

VOCABULARY.

The following vocabulary will be found to contain nearly every word in the Book of Genesis.

Note 1.—All proper nouns are omitted.

2.—The verbs are in the third person singular masculine, past tense (this being the root), but after the plan of many lexicons are translated as the infinitive; each form is rendered according to the sense in which it is used in Genesis, the letters as in the exercises denoting the respective forms. Any form found in Genesis and not in the vocabulary, implies that such has its regular signification: thus נִדְרַשׁ *is sought*, from דָּרַשׁ *to seek.*

א

אָב a father, const. אֲבִי and אַב, with affixes אָבִי, plur. אָבוֹת

אָבָה to consent, תֹּאבֶה

אַבִּיר mighty

אָבַל Hit. to mourn

אֵבֶל mourning

אָבֵל mourning

אֲבָל but, indeed

אֶבֶן a stone

אָבַק N. to wrestle, inf. בְּהֵאָבְקוֹ

אֵד a mist

אָדוֹן a lord, a master, the Lord

אָדָם man

אָדֹם red

אֲדָמָה ground, earth, אַדְמַת

אַדְמוֹנִי red

אַדֶּרֶת a mantle

אָהַב or אָהֵב to love, יֶאֱהַב

אַהֲבָה love

אָהַל to pitch a tent, יֶאֱהַל

אֹהֶל tent, אָהֳלֹה his tent

אוֹ or

אוּלָם but, nevertheless

אוֹן strength, affliction

אוּץ Hi. to press in

אוֹר to become light, Hi. to give light

אוֹר light

אוֹת a sign, אֹתוֹת

אוּת to consent

אָז then

אֹזֶן ear, אָזְנֵי, אָזְנַיִם; הֶאֱזִין to give ear

אָח brother, const. אֲחִי; with affixes אָחִי, אָחִיו; plur. אַחִים, אַחֵי, with affixes אַחַי, אֶחָיו

אֶחָד, const. אַחַד, m. אַחַת (pause אֶחָת) f., one, first, some one, the same

אֲחָדִים few, the same

אָחוּ reed

אָחוֹר backward

אָחוֹת sister, אֲחוֹתִי

אָחַז to seize, N. to be seized *or* entangled, to get possession

אֲחֻזָּה possession

אַחֵר other, another, אַחֶרֶת, אֲחֵרִים, אֲחֵרוֹת

אַחַר, אַחֲרֵי after, behind, אַחֲרָיו behind him, אַחֲרֵינוּ

אָחַר K. and Pi. to delay

אַחֲרֵי כֵן afterwards

אַחֲרוֹן behind, hindermost

אַחֲרִית end

אֲחֹרַנִּית backwards

אִי island, אִיֵּי

אֵי where?

אֵי מִזֶּה whence

אֹיֵב an enemy, אֹיִבְךָ

אֵיבָה enmity

אַיֵּה where? אַיֶּכָּה where art thou?

אֵיךְ how?
אַיִל a ram, אֵילִים
אַיָּלָה a hind
אֵימָה terror
אַיִן, אֵין not, no
אֵין אִישׁ none
אֵינֶנִּי I am not; אֵינְךָ, אֵינֶנּוּ, אֵינֶנָּה
אֵיפֹה where?
אִישׁ man, husband, male, each, one
אִישׁ לְאָחִיו one to another
אִישׁ לְרֵעֵהוּ one to another
אִישׁ מֵרֵעֵהוּ one from another
אֵיתָן strong, strength
אַךְ only, but, surely
אָכַל to eat, to devour; inf. with affix אָכְלְךָ, אֲכָלְכֶם
אֹכֶל or אָכְלָה food
אָכֵן surely
אֵל God, power
אֶל, אֶל־ to, unto, in, by, into, at, before; אֵלַי, אֵלֶיךָ
אֶל־נֹכַח towards
אָלָה oath
אֵלָה oak
אֵלֶּה these, those
אֱלוֹהַּ God; pl. אֱלֹהִים God, gods, אֱלֹהֵי
אֵלוֹן or אַלּוֹן oak
אָלַם Pi. to bind
אֲלֻמָּה a sheaf, אֲלֻמָּתִי

אַלְמָנָה a widow
אַלְמָנוּת widowhood
אַלּוּף a duke
אֶלֶף a thousand
אֵם a mother, אִמִּי
אִם if, not, or, indeed
אָמָה a maid servant, אֲמָתִי, אַמְהוֹת; const. אֲמָהוֹת
אַמָּה a cubit
אֻמָּה people, nation
אָמְנָה indeed
אָמְנָם or אֻמְנָם indeed
אָמַן N. to be verified. Hi. to believe, הֶאֱמִין
אָמֵץ to be strong, יֶאֱמַץ
אֹמֶר or אִמְרָה speech
אָמַר to say, לֵאמֹר saying
אֶמֶשׁ yesternight
אֱמֶת truth, אֲמִתּוֹ
אַמְתַּחַת sack
אָנָּא O! I pray
אָנָה whither
אָנוּ we
אֲנַחְנוּ we
אֲנִי, pause אָנִי, I
אֳנִיּוֹת ships
אָנֹכִי I
אֲנָשִׁים pl. of אִישׁ; const. אַנְשֵׁי, אֲנָשָׁיו
אָסוֹן mischief
אָסִיר a prisoner

אָסַף to gather, to take away, to put, יֶאֱסֹף

אָסַר to bind, to harness, יֶאְסֹר N. to be bound,

אַף nose, nostril, face, anger, אַפִּי; dual אַפַּיִם, אַפֶּיךָ

אַף also, indeed

אַף כִּי although

אָפָה to bake; אֹפֶה a baker

אֵפוֹ or אֵפוֹא then, now

אָפֵס to vanish

אָפַק Hit. to refrain oneself, וַיִּתְאַפַּק

אֵפֶר ashes

אָצַל to reserve

אֵצֶל with, near, אֶצְלִי with me

אֲרֻבָּה a window

אַרְבַּע fem., אַרְבָּעָה mas., four; אַרְבַּע עֶשְׂרֵה f., אַרְבָּעָה עָשָׂר m., fourteen; אַרְבָּעִים forty

אָרוֹן a coffin

אָרוּר cursed

אֹרַח manner, path

אֹרְחָה a company

אַרְיֵה or אֲרִי a lion

אָרַךְ to lengthen

אֹרֶךְ length, אָרְכָּה

אֶרֶץ earth, land, ground, אַרְצִי, אֲרָצוֹת; אַרְצָה to the land

אָרַר to curse

אֵשׁ fire

אִשָּׁה, const. אֵשֶׁת woman, wife, female, אִשְׁתִּי

אֶשְׁכֹּל cluster of grapes

אֵשֶׁל a grove

אָשָׁם guilt

אָשֵׁם adj. guilty, אֲשֵׁמִים

אִשֵּׁר Pi. to call one happy, אִשְּׁרוּנִי

אֲשֶׁר relative pro., who, which, that, אֲשֶׁר בָּהּ in which, אֲשֶׁר בְּאַרְצוֹ in whose land, אֲשֶׁר בְּקִרְבּוֹ in whose midst, אֲשֶׁר לוֹ to whom, to which, which he has, *or* which he had, אֲשֶׁר לְפָנָיו before whom; אֲשֶׁר עָלֶיהָ upon which

אֲשֶׁר conj. that, when, so that, because, since

אֲשֶׁר־שָׁמָּה, אֲשֶׁר־שָׁם where

אֲשֶׁר מִשָּׁם whence

אֶת־ אֵת sign of the accusative, אוֹתִי me, אוֹתְךָ thee

אֶת־ אֵת with, by; אִתִּי with me, אִתְּךָ with thee

אֶת פְּנֵי before

אַתְּ thou, f.

אַתָּה thou, m.

אָתוֹן a she ass, אֲתוֹנוֹת

אַתֶּם you, m.

אַתֶּן or אַתֵּנָה you, f.

ב

בְּאֵר a pit, a well, בְּאֵרוֹת
בָּאַשׁ Hi. to make odious
בַּאֲשֶׁר because
בַּאֲשֶׁר שָׁם where
בֶּגֶד a garment; בִּגְדִי, בְּגָדִים, בִּגְדֵי
בִּגְלַל for the sake of
בִּגְלָלֵךְ for the sake of thee
בָּדַל Hi. to cause a division, וַיַּבְדֵּל
בֹּהוּ desolation
בָּהַל N. to be troubled
בְּהֵמָה cattle
בּוֹא to come, to enter, to set. Hi. to bring
בּוּז contempt
בּוּן N. to understand
בּוֹר a pit, a well; הַבֹּרָה into the pit
בּוּשׁ Hit. to be ashamed
בָּזֶה here
בָּזָה to despise
בָּזַז to plunder
בַּחוּץ without
בָּחַן to try
בָּחַר to choose
בֶּטַח in safety
בֶּטֶן womb
בָּטְנִים nuts
בְּטֶרֶם before
בֵּין between; בֵּינִי, בֵּינְךָ; בֵּינֵינוּ, בֵּינוֹתָם, בֵּינֵיהֶם, בֵּינוֹתֵינוּ
בֵּין-וּבֵין, בֵּין-לְ between—and
בַּיִת a house, cons. בֵּית; בֵּית הַסֹּהַר a prison
בָּכָה to weep
בְּכוֹר first-born
בְּכֹרָה birthright
בְּכִירָה elder
בְּכִית or בְּכִי weeping
בָּלָה to became old
בָּלַל to confound
בָּלַע to swallow
בִּלְעָדַי not to me, not in me
בִּלְעָדֶיךָ without thee
בִּלְתִּי, בִּלְתִּי אִם except
בַּמֶּה by what?
בֵּן a son, the young (of animals or plants), descendant; old, (before nouns of time); as בֶּן־שְׁלֹשׁ עֶשְׂרֵה שָׁנָה 13 years old, const. בֶּן; בְּנִי, בִּנְךָ; בָּנִים, בְּנֵי
בָּנָה to build, to make; אִבָּנֶה I may obtain children
בַּעֲבוּר for the sake of
בַּעֲבוּרֶךָ for the sake of thee, בַּעֲבוּרָם, בַּעֲבוּרָהּ
בְּעַד through, for, behind
בַּעַדְךָ for thee

בְּעוֹד within, whilst
בְּעוֹדֶנּוּ whilst he
בַּעַל a master
בַּעֲלֵי בְרִית confederate
בַּעֲלֵי חִצִּים archers
בְּעוּלַת בַּעַל married
בְּעִיר cattle
בֶּצַע profit
בָּצַר N. to be restrained
בָּקַע N. to be broken up; Pi. to cleave
בִּקְעָה a valley
בֹּקֶר morning
בָּקָר cattle, herd, ox or oxen
בְּקֶרֶב within, בְּקִרְבּוֹ within it, בְּקִרְבָּהּ within her
בָּקַשׁ Pi. to seek
בַּר corn
בָּרָא to create
בָּרֹד grisled
בַּרְזֶל iron
בָּרַח to flee
בָּרִיא fat, בְּרִיאוֹת
בְּרִית a covenant
בָּרַךְ K. and Pi. to bless; Hi. to cause to kneel down, N. and Hit. to bless oneself, to be blessed. Hi. fut יַבְרֵךְ
בְּרָכָה a blessing, const. בִּרְכַּת
בֶּרֶךְ knee, בִּרְכַּי
בָּשַׁל Hi. to ripen
בָּשָׂר flesh
בַּת a daughter, branch; בִּתִּי, בָּנוֹת, const. בְּנוֹת
בְּתוֹךְ amongst, in the midst of; בְּתוֹכֵנוּ in the midst of us, בְּתוֹכְכֶם
בְּתוּלָה a virgin
בָּתַר Pi. to divide
בֶּתֶר a piece, בִּתְרוֹ

ג

גָּאַל to redeem
גִּבּוֹר strong, mighty
גָּבוֹהַּ high, גְּבוֹהִים
גְּבוּל border
גָּבִיעַ a cup, גְּבִיעִי
גְּבִיר a master, a lord
גִּבְעָה a hill, גְּבָעוֹת, const. גִּבְעוֹת
גָּבַר to prevail
גְּבֶרֶת mistress, גְּבִרְתִּי
גָּד good fortune
גָּדַד to attack
גְּדוּד troop
גָּדוֹל great, the elder
גְּדִי a kid, גְּדָיֵי
גָּדַל to be great, to grow; Hi. to make great
גְּוִיָּה body
גּוֹי a nation, גּוֹיִם
גָּוַע to expire
גּוּר to sojourn

גּוּר אַרְיֵה a young lion
גָּזַז to shear
גָּזַל to rob
גּוֹזָל a young bird
גֶּזֶר a piece, גְּזָרִים
גָּחוֹן belly
גִּיד sinew
גָּלָה N. to be revealed; Hit. to be uncovered
גָּלַח Pi. to shave, יְגַלַּח
גַּל a heap
גָּלַל K. and Hi. to roll; Hit. to attack
גַּם also, moreover, even; גַּם־גַּם both—and
גָּמָא Hi. to cause to sip
גָּמַל K. to reward, to render, N. to be weaned
גָּמָל a camel, גְּמַלִּים
גַּן a garden
גָּנַב to steal
גָּעַר to rebuke, יִגְעַר
גֶּפֶן vine
גָּפְרִית brimstone
גֵּר a stranger
גֶּרֶם strong
גֹּרֶן threshing-floor
גָּרַשׁ Pi. to drive out
גֶּשֶׁם rain

ד

דִּבָּה report, דִּבָּתָם
דָּבַק to cleave, to overtake. Hi. to overtake, יַדְבֵּק
דָּבַר K. and Pi. to speak
דָּבָר a word, thing; עַל דְּבַר on account of
דְּבַשׁ honey
דָּגָה or דָּג fish
דָּגָה to multiply
דָּגָן corn
דּוּדָאִים mandrakes
דּוּן K. and Hi. to rule, to judge
דּוֹר a generation, plur. דּוֹרוֹת
דַּל poor
דָּלַק to pursue hotly
דֶּלֶת door
דָּם blood, דָּמוֹ, דִּמְכֶם
דְּמוּת likeness
דַּעַת knowledge
דָּפַק to overdrive
דַּק thin
דַּרְדַּר thistles
דֶּרֶךְ way, journey, דַּרְכִּי
דָּרַשׁ to seek
דָּשָׁא Hi. to cause to spring forth, to shoot forth, מַדְשִׁא
דֶּשֶׁא grass

ה

הָא here
הָאֵל these

הַאַף also?
הַאַתָּה art thou?
הָבָה come!
הוּא he, it; הַהוּא this, that
הָוָה to be, imp. הֱוֵה
הוֹרִים parents
הַחוּצָה without, outwards
הִיא, הִוא she, it; הַהִיא, הַהִוא that
הָיָה to be, to exist, to become
הָיָה לִי I had; הָיָה לוֹ he had
הֲיֵשׁ is there? הֲיֵשׁ לָכֶם have you?
הֲלֹא, הֲלוֹא not (interrogative)
הָלְאָה back, away
הֲלוֹם here
הַלָּזֶה this, that
הָלַךְ K. and Hit. to go, to walk
הֵמָּה, הֵם they, (m.)
הָמוֹן multitude
הֵן behold
הֵן they, f.
הִנֵּה behold, הִנְנִי (pause הִנֶּנִי) behold I; הִנְּךָ, הִנָּךְ
הֵנָּה they, these
הֵנָּה hither, here
הָפַךְ to turn, to overthrow; inf. with affix הָפְכִּי
הֲפֵכָה overthrow
הַר mountain; הַרְרָם their mountain

הַרְבֵּה great
הָרַג to kill
הָרָה to conceive,
הַרְחֵק far off
הֵרָיוֹן conception, הֵרוֹנֵךְ
הֵתֵל to deceive
הִתְמַהְמַהּ to delay

ו

וָלָד a child

ז

זְאֵב a wolf
זֹאת this, f., זֶה this, m.
זָבַד to give
זֶבֶד a gift
זָבַח to sacrifice
זֶבַח a sacrifice, זְבָחִים
זָבַל to dwell
זָהָב gold; const. זְהַב
זַיִת olive
זָכַר to remember; Hi. to make mention of
זָכָר male
זָמַם to devise
זִמְרָה the best part
זֵעָה perspiration
זָעַף to be troubled
זְעָקָה cry
זָקֵן to be old; adj. old, elder
זִקְנָה, זְקֻנִים or זֹקֶן old age

זְרוֹעַ arm
זָרַח to shine
זָרַע to sow; Hi. to produce
זֶרַע seed, זַרְעוֹ

ח

חָבָא N. and Hit. to hide oneself
חָבַק Pi. to embrace
חָבַר to join
חַבּוּרָה stripe, wound
חָבַשׁ to saddle
חֲגוֹרָה a girdle
חָדַל to cease
חֶדֶר a room, הַחַדְרָה to the room
חֹדֶשׁ a month
חוּט thread
חוֹל sand
חוּם dark coloured
חוּס to pity
חוֹף shore
חָזַק K. to be strong, to prevail, Hi. to lay hold of. Hit. to strengthen oneself
חָטָא to sin. Pi. to bear the loss, אֲחַטֶּנָּה
חַטָּא sinful *or* sinner
חַטָּאת, חֲטָאָה or חֵטְא sin
חִטִּים wheat
חַי third pers. past tense of חָיָה

חַי const. חֵי, plur. חַיִּים m.; living, alive, living thing, life, beast
חַיָּה const. חַיַּת or חַיְתוֹ same as חַי
חַיִּים const. חַיֵּי life, חַיַּי, חַיֶּיךָ
חָיָה K. to live, to revive. Pi. and Hi. to give life, to keep alive
חַיִל wealth, valour, חֵילָם
חֵיק bosom
חַכְלִילִי red
חָכָם wise
חָלָב milk
חֵלֶב fat, the best
חָלָה to be ill
חֲלוֹם a dream, חֲלוֹמוֹת
חַלּוֹן a window
חֲלִיפָה change
חָלָל wounded
חָלַל Hi. to begin. Ho. to be begun
חָלַל Pi. to defile
חָלִלָה unworthy, far from it
חָלַם to dream, יַחֲלוֹם, נַחֲלְמָה
חָלַף Pi. and Hi. to change
חֲלָצַיִם the loins
חָלַק K. and Pi. to divide
חֵלֶק portion, חֶלְקָם
חָלָק smooth
חֶלְקָה smoothness, portion

חֹם heat
חָם a father-in-law, חָמִיךְ
חֶמְאָה butter
חֲמֻדוֹת costly
חֵמָה anger
חָמוֹת mother-in-law
חֶמְלָה compassion, pity
חָמַם to be heated
חָמָס violence
חֵמָר bitumen
חֹמֶר mortar
חֲמוֹר an ass
חִמֵּשׁ Pi. to give the fifth part
חָמֵשׁ const. חֲמֵשׁ f., חֲמִשָּׁה const. חֲמֵשֶׁת m., five; חֲמֵשׁ עֶשְׂרֵה f., חֲמִשָּׁה עָשָׂר m., fifteen; חֲמִשִּׁים fifty; חֲמִשִּׁי m., חֲמִשִּׁית f., fifth
חֹמֶשׁ the fifth
חֵמֶת bottle
חָנָה to encamp
חָנַט to embalm
חֲנֻטִים embalming
חָנִיךְ trained, חֲנִיכָיו his trained men
חֵן grace
חִנָּם gratuitously
חָנַן to be gracious. Hit. to implore mercy
חֶסֶד mercy, חַסְדְּךָ
חָסֵר to want, to diminish, יֶחְסְרוּן
חָפֵץ to be pleased with
חָפַר to dig
חָפַשׂ Pi. to search
חֵץ an arrow, חִצִּים
חָצָה to divide
חָצֵר a village, pl. חֲצֵרִים, חֲצֵרוֹת
חֹק a law, portion, חֻקָּם
חֻקָּה a law
חָרֵב to dry
חֹרֶב drought
חֶרֶב sword, חַרְבְּךָ
חָרָבָה dry land
חָרַד to tremble, יֶחֱרַד
חֲרָדָה fear
חָרָה to kindle, to be angry; חָרָה לְךָ thou art angry
חַרְטֻמִּים scribes
חֹרִי white bread
חֹרֶף winter
חֶרְפָּה reproach,
חָרַשׁ Hi. to be silent, הֶחֱרִישׁ
חָרִישׁ ploughing
חֹרֵשׁ engraver
חָשַׁב to think, to devise
חֲשֵׁכָה or חֹשֶׁךְ darkness
חָשַׂךְ to withhold
חָשַׁק to long for
חַת fear, חִתְּכֶם
חִתָּה fear

חוֹתָם or חֹתֶמֶת signet
חָתַן Hit. to intermarry
חָתָן son-in-law, חֲתָנָיו

ט

טָבַח to kill
טַבָּח executioner
טָבַל to dip
טַבַּעַת a ring, טַבַּעְתּוֹ
טָהוֹר clean
טָהֵר Hit. הִטַּהֵר to clean oneself
טוֹב good
טוּב goodness, the good, the best
טָחָה Pi. to shoot; part. Pi. const. מְטַחֲוֵי
טִירָה a castle
טַל dew
טָלָא to be spotted
טָמֵא Pi. to defile
טָמַן to hide
טָעַן to load, imp. טַעֲנוּ
טַף children, family, טַפְּכֶם
טֶרֶם not yet, before
טָרַף to tear to pieces. Pu. טֹרַף pass.
טֶרֶף prey
טְרֵפָה that which is torn

י

יָאַל Hi. to undertake
יְאוֹר a river
יָבַם Pi. to marry
יָבֵשׁ to be dry, inf. יְבֹשֶׁת
יַבָּשָׁה dry land
יָגוֹן sorrow
יָגִיעַ labour, const. יְגִיעַ
יָד hand, יָדוֹת portions, times
יָדָה Hi. to praise
יָדַע to know. Hit. to make oneself known
יָהַב to give; imp. הַב or הָבָה
יוֹם day, plur. יָמִים days, const. יְמֵי days, a year; יוֹם הֻלֶּדֶת birth-day
יוֹנָה a dove
יָחַד to unite
יַחְדָּיו together
יָחִיד only one, יְחִידְךָ
יָחַל N. to wait
יָחַם to conceive
יָטַב to be good. Hi. to do good, to do right; יִיטַב לִי it may be well with me; וַיִּיטַב בְּעֵינָי and it pleased
יַיִן wine, יֵינוֹ
יָכַח Hi. to decide, appoint, reprove. N. to be judged, convinced, or vindicated

יָכֹל K. and Ho. to be able, to prevail

יָלַד K. and Hi. to beget, to bear; N. and Pu. to be borne

יֶלֶד a child, יְלָדִים, יַלְדֵי

יַלְדָּה a girl

יָלִיד one born

יָלַךְ to go

יָם sea, west, יַמִּים

יֵמִים mules

יָמִין right side, right hand

יָמַן Hi. to turn to the right; fut. וְאֵימִנָה

יָנַק Hi. to suckle, הֵינִיק

יָסַף K. and Hi. to continue, to add; used as the adverbs *more, again*

יַעַן אֲשֶׁר because

יָפֶה const. יְפֵה m., יָפָה const. יְפַת f., beautiful

יַפְתְּ future Hiph. of פָּתָה shall enlarge

יָצָא to go out, to rise. Hi. to bring out

יָצַג Hi. to set up, to place, to leave

יָצוּעַ couch, יְצוּעֵי

יָצַק to pour

יָצַר to form, וַיִּיצֶר

יֵצֶר imagination

יִקְהָה gathering

יָקַע to become dislocated

יָקַץ to awake, fut. יִיקַץ, וַיִּקֶץ

יָרֵא to fear, אִירָא fut.

יִרְאָה fear

יָרַד to go down. Hi. to bring down, to let down

יָרָה to cast. Hi. to direct

יָרֵחַ moon

יָרֵךְ loin, thigh

יַרְכָה border, יַרְכָתוֹ

יֶרֶק greenness

יָרַשׁ to possess, to succeed in possession. N. to become poor

יֵשׁ or יֶשׁ is, are, was, were, יֶשְׁכֶם עֹשִׂים you act, יֶשְׁךָ מְשַׁלֵּחַ thou sendest, יֶשׁ לִי there is to me, I have, יֵשׁ לָנוּ we have

יָשַׁב to dwell, to sit, to remain. Hi. to settle

יְשׁוּעָה salvation

יָשֵׁן to sleep, fut. אִישָׁן

יָתַר N. to be left. Hi. to excel

יֶתֶר excellency

כ

כָּאַב to feel pain

כַּאֲשֶׁר when, as, since

כָּבֵד to be heavy *or* dim. N. to be honourable

כָּבֵד adj., heavy, rich, grievous
כָּבוֹד honour, כְּבוֹדִי
כָּבַס Pi. to wash
כִּבְרַת a measure
כָּבַשׁ to subdue
כִּבְשָׁן a furnace
כִּבְשָׂה a lamb
כַּד a pitcher
כֹּה thus, here
כָּהָה to be weak
כֹּהֵן a priest, כֹּהֲנִים
כּוֹכָב a star
כּוּל Pi. כִּלְכֵּל to sustain
כּוּן N. to be fixed. Hi. to prepare
כּוֹס a cup
כֹּחַ strength, power, כֹּחִי
כָּחַד Pi. to hide
כָּחַשׁ Pi. to deny
כִּי for, that, because, when, if, but, only; כִּי אִם but, except, כִּי עַל כֵּן because, since
כִּכָּר a plain
כָּל־, כֹּל all, every, any, whole, כֻּלָּהּ all of it, כֻּלָּנוּ all of us, כֻּלָּנָה all of them, לְכֻלָּם to all of them
כָּלָא N. to be withholden, to cease
כָּלָה same as כָּלָא to withhold, fut. יִכְלֶה

כָּלָה K. and Pu. to be finished. Pi. to finish, to consume
כָּלָה entirely
כַּלָּה a daughter-in-law
כְּלִי a vessel, stuff
כַּמָּה how many?
כְּמוֹ as, like; כָּמוֹנִי as I, כָּמוֹךָ, כָּמוֹהוּ
כְּמוֹ when
כָּמַר N. to become excited
כֵּן so
כֵּן true, כֵּנִים
כֵּן affix כַּנִּי a place
כְּנֶגְדּוֹ suited to him
כָּנָף a wing
כִּנּוֹר a harp
כִּסֵּא a throne
כָּסָה Pi. to cover, to conceal. Pu. to be covered. Hit. to cover oneself
כָּסַף N. to long for
כֶּסֶף silver, money; כֶּסֶף עוֹבֵר current money
כַּף the hollow, sole, hand; dual כַּפַּיִם hands
כָּפַר to pitch
כֹּפֶר pitch
כָּפַר Pi. to appease
כַּר furniture, saddle
כָּרָה to dig, to buy
כֶּרֶם a vineyard

כָּרַע to stoop
כָּרַת to cut off; כָּרַת בְּרִית to make a covenant, נִכְרְתָה
כֶּשֶׂב a lamb, כְּשָׂבִים
כָּשָׂה to become fat
כֻּתֹּנֶת or כְּתֹנֶת coat, כְּתוֹנֶת פַּסִּים a stately coat, כֻּתָּנְתוֹ; const. plur. כָּתְנוֹת

ל

לֹא no
לָאָה to be weary
לְאִטִּי at my ease
לְאֹם people, לְאֻמִּים
לֵב heart, לִבְּכֶם, לִבָּם
לְבַד alone, לְבַדּוֹ he alone, לְבַדָּנָה or לְבַדְּהֶן, לְבַדָּם
לְבוּשׁ or לְבֻשׁ garment
לָבִיא a lion
לְבִלְתִּי not
לָבַן to make bricks
לָבָן or לָבֵן white
לְבֵנָה brick, לְבֵנִים
לִבְנֶה poplar
לָבַשׁ K. to put on. Hi. to clothe
לָהָה to be exhausted
לַהַט flame
לוּ O that
לוֹא not
לָוָה N. to be joined
לוּז an almond tree
לוּלֵא unless
לוּן K. and Hi. to lodge, to tarry
לוּשׁ to knead
לַח moist
לֶחֶם bread, לַחְמוֹ
לֹט myrrh
לָטַשׁ to sharpen
לַיְלָה or לַיִל night
לְכָה come
לָכֵן therefore
לָמָּה, לָמָה why
לָמוֹ to them
לְמִי to whom, whose
לְמַעַן for the sake of, in order that
לְנֶגֶד before, לְנֶגְדְּךָ before thee
לְנוֹכַח for, in front of, opposite
לָעַט Hi. to feed
לְפִי according to
לַפִּיד a flame
לִפְנֵי before, לְפָנַי before me, לְפָנֶיךָ
לָקַח to take. Pu. and Ho. to be taken. Pu. לֻקְּחָה
לָקַט K. and Pi. to gather
לִקְרַאת towards, over against
לָשׁוֹן tongue, לְשׁוֹנוֹת

מ

מֵאָה one hundred, plur. מֵאוֹת, dual מָאתַיִם two hundred

מְאֹד very; מְאוֹד מְאוֹד, בִּמְאוֹד מְאוֹד exceedingly
מְאוּמָה any thing
מָאוֹר light, מְאוֹרוֹת
מֵאָז since
מֵאַיִן whence
מַאֲכָל food
מַאֲכֶלֶת a knife
מָאֵן Pi. to refuse
מֵאֵת from, מֵאִתִּי, מֵאִתְּךָ
מַבּוּל flood
מִבְחָר choice
מִבַּיִת within
מִגְדָּל a tower
מִגְדָּנוֹת precious gifts
מָגוֹר pilgrimage, מְגוּרֵי
מָגַן Pi. to deliver
מָגֵן a shield
מִדְבָּר a wilderness
מַדּוּעַ why?
מָה, מַה, מֶה what? how?
מֵהָלְאָה beyond
מָהַר Pi. to hasten
מֹהַר dowry
מוּל K. to circumcise. N. to circumcise, to be circumcised
מוֹלֶדֶת birth, descendants
מוֹעֵד appointed time, a festival
מוֹרָא fear, מוֹרַאֲכֶם
מוֹשָׁב a dwelling-place
מוּת to die. Hi. to put to death
מָוֶת (const. מוֹת) death מוֹתִי
מִזְבֵּחַ an altar
מִזֶּה from hence
מָזוֹן food
מָחָה to blot out
מִחוּץ without
מְחוֹקֵק a law-giver
מַחֲזֶה vision
מִחְיָה sustenance of life
מַחֲנֶה a camp
מָחָר or מָחֳרָת morrow
מַחֲשָׁבָה thought
מַחְשֹׂף laying bare
מִטָּה a bed
מַטֶּה a staff
מַטְמוֹן treasure
מַטְעַמִּים savoury meat
מָטַר Hi. to cause to rain
מֵיטַב the best
מַיִם (const, מֵי) water
מִין kind *or* species, לְמִינוֹ after its kind
מֵינֶקֶת nurse
מֵינִיקוֹת milch
מִכְסֶה covering
מָכַר to sell
מְכֵרָה a sword
מָלֵא to fill, to be full, to be fulfilled. N. to be full *or* filled. Pi. to fill
מָלֵא full

מַלְאָךְ an angel, a messenger
מְלָאכָה work, property
מִלְּבַד besides
מְלוֹא a multitude
מָלוֹן an inn
מֶלַח salt
מִלְחָמָה war
מָלַט N. to escape
מֵלִיץ an interpreter
מֶלֶךְ a king, מְלָכִים ; const. מַלְכֵי
מָלַךְ to reign ; inf. מְלוֹךְ or מְלָךְ־
מָלַל Pi to declare
מִלְמַעְלָה above, upwards
מִלִּפְנֵי from before
מַמְלָכָה or מַמְלֶכֶת kingdom
מִמַּעַל above, upon
מֶמְשָׁלָה or מֶמְשֶׁלֶת dominion
מִן from, out of, some ; מִמֶּנִּי from me, מִמְּךָ
מִנֶּגֶד opposite, over against
מָנָה to count
מְנוּחָה, מָנוֹחַ rest
מִנְחָה a present, מִנְחָתִי
מֹנִים times
מָנַע to withhold
מֵנֶקֶת same as מֵינֶקֶת a nurse
מַס a tribute
מַסַּע a journey, plur. with affix מַסָּעָיו
מִסְפֵּד mourning
מִסְפּוֹא provender

מִסְפָּר number
מַעֲבָר a ford
מֵעוֹדִי since I am
מַעֲדַנִּים dainties
מְעַט a little, few
מֵעִים bowels
מַעְיָן spring, מַעְיָנוֹת ; const. מַעְיְנוֹת
מֵעַל from off, above, מֵעָלַי, מֵעָלֶיךָ
מֵעִם from, מֵעִמָּנוּ from us
מְעָרָה a cave
מַעֲשֶׂה business, work, deed
מַעֲשֵׂר a tenth part
מִפְּנֵי on account of, from the face of
מָצָא to find, to happen to. N. to be found
מַצֶּבֶת, מַצֵּבָה a pillar
מַצָּה unleavened bread
מִצְוָה a commandment
מִצְעָר a little thing
מִצְרַיִם Egypt, מִצְרַיְמָה to Egypt
מִצְרִי an Egyptian
מָקוֹם a place, מְקוֹמוֹת
מַקֵּל a staff, a stick, מַקְלִי
מִקְנָה possession, purchase
מִקְנֶה cattle, purchase
מַר bitter
מַרְאֶה look, appearance
מַרְאָה vision

מְרַאֲשֹׁת place for the head
מְרַגֵּל a spy, מְרַגְּלִים
מָרַד to rebel
מֹרָה grief
מֵרָחוֹק afar off
מְרִיבָה contention
מֶרְכָּבָה or מֶרְכֶּבֶת a chariot, מֶרְכַּבְתּוֹ
מִרְמָה deceit
מִרְעֶה pasture
מָרַר Pi. to make bitter, וַיְמָרְרֻהוּ
מַשְׂאֵת a present
מִשְׁגֶּה error
מָשַׁח to anoint
מָשַׁךְ to draw up
מִשְׁכָּב a bed
מַשְׂכֹּרֶת reward, wages, מַשְׂכֻּרְתִּי
מָשַׁל to rule, fut. יִמְשֹׁל or יִמְשָׁל־
מְשֻׁלָּשׁ, f. מְשֻׁלֶּשֶׁת three years old
מִשָּׁם thence
מִשְׁמָן fatness
מִשְׁמָר a prison
מִשְׁמֶרֶת charge, מִשְׁמַרְתִּי
מִשְׁנֶה double, second
מִשְׁפָּחָה family, tribe
מִשְׁפָּט judgment, manner
מִשְׁפְּתַיִם folds
מֶשֶׁק a stewart
מַשְׁקֶה a butler
מִשְׁקָל a weight

מָשַׁשׁ to feel. Pi. to search
מִשְׁתֶּה a banquet
מִתּוֹךְ from the midst of
מִתַּחַת under
מָתַי when
מְתִים men
מְתֵי מִסְפָּר few
מַתָּן a gift
מַתָּנָה a gift
מָתְנַיִם loins
מִתַּעְתֵּעַ part. of the Pignel of תָּעַע one who deceives

נ

נָא now, I pray
נְאֻם declaration
נָבוֹן intelligent
נָבִיא a prophet
נָבַט Hi. to look
נְבָלָה folly
נֶגְבָּה or נֶגֶב south
נָגַד Hi. to tell
נֶגֶד before, נֶגְדְּךָ or נֶגְדֶּךָ before thee
נָגַע to touch. Pi. to plague. Hi. to reach
נֶגַע plague
נָגַשׁ K. to approach, to go. Hi. to bring, to cause to approach
נָד a wanderer

נָדַד to flee
נָדַר to vow
נֶדֶר a vow
נָהַג K. and Pi. to lead away
נָהַל Pi. to feed. Hit. to lead on, fut. אֶתְנַהֲלָה
נָהָר a river
נוּחַ to rest. Hi. to leave, to place
נוּס to flee
נוֹרָא terrible
נָזִיד pottage
נָזִיר the separated one
נֶזֶם an ornament for the ear or nose, נְזָמִים
נָחָה K. and Hi. to lead
נַחַל a valley or brook
נַחֲלָה inheritance
נָחַם N. to be comforted, to repent, to comfort oneself. Pi. to comfort. Hit. to comfort oneself
נֶחְמָד desirable
נָחַשׁ Pi. to divine
נָחָשׁ a serpent
נָטָה to spread, to extend, to pitch, to incline, to turn. Hi. to hold out
נָטַע to plant
נָטַשׁ to allow
נִין posterity

נְכֹאת spice
נֶכֶד grandchild, נֶכְדִּי
נָכָה Hi. to smite, to kill
נָכַל Hit. to conspire
נָכַר Hi. to recognise. Hit. to make oneself strange
נֵכָר strange
נָכְרִי or נֵכָר a stranger
נָסָה Pi. to try
נָסַךְ Hi. to pour out
נֶסֶךְ a drink offering
נָסַע to journey, to depart
נָע vagabond
נְעוּרִים youth, נְעוּרָיו
נַעַל a shoe
נָעֵם to be pleasant
נַעַר a youth, lad or boy
נַעֲרָה a damsel
נָפַח to breathe
נְפִיל a giant
נָפַל to fall, to alight. Hi. to cause to fall. Hit. to attack
נָפַץ to be scattered
נֶפֶשׁ soul, life, mind
נַפְתּוּלִים struggles
נָצַב N. to stand. Hi. to place, to erect, to set up. Ho. to be erected
נִצָּה a flower
נְצִיב a pillar
נָצַל N. to be saved. Hi. to deliver, to take away

נָקַב to appoint ; imp. נָקְבָה
נְקֵבָה female
נָקֹד speckled
נָקָה N. to be clear
נָקִי clear, innocent
נִקָּיוֹן innocency
נָקַם Ho. to be avenged
נָשָׂא to lift up, to lift, to bear, to spare, to forgive ; יִשָּׂא פָנָי he will accept of me
נָשָׁא Hi. to deceive
נשב Hi. to chase away
נָשַׂג Hi. to overtake, to reach
נָשָׁה Pi. to cause to forget
נָשִׂיא a prince
נָשִׁים const. נְשֵׁי, plur. of אִשָּׁה, women, wives, נָשַׁי
נָשַׁךְ to bite
נְשָׁמָה soul, const. נִשְׁמַת
נָשַׁק to kiss, to obey. Pi. to kiss
נָתַן to give, to put, to set, to allow, to consider, to grant. N. to be given

סְאָה a measure
סָבַב to surround. N. to surround, to turn away
סביב or סְבִיבוֹת round about
סְבָךְ a thicket
סָבַל to bear
סָגַר to close
סוֹד a secret
סוּס a horse
סוּר K. to depart, to turn in. Hi. to remove, to draw off
סוּת a garment
סָחַר to traffic
סֹחֵר a merchant, סֹחֲרִים
סֻכָּה a booth
סָכַל Hi. to act foolishly
סָכַר N. to be shut
סַל a basket, סַלִּים, סַלֵּי
סֻלָּם a ladder
סֹלֶת flour
סָמַךְ to support
סַנְוֵרִים blindness
סָעַד to revive, to strengthen ; imp. סַעֲדוּ
סָפַד to mourn
סָפָה to destroy
סָפַר to number. Pi. to tell
סֵפֶר a book
סָרִיס an officer
סָתַם Pi. to stop
סָתַר N. to be hid, to be absent

ע

עָבַד to till, to serve ; future יַעֲבוֹד
עֶבֶד a slave *or* servant, עַבְדִּי, עַבְדֵי, עֲבָדִים

עֲבָדָה servants
עֲבוֹדָה service
עָבַר to pass. Hi. to cause to pass, to remove. K. fut. יַעֲבוֹר· Hi. fut. יַעֲבֶר
עֵבֶר on the opposite side
עֶבְרָה wrath
עִבְרִי a Hebrew
עֻגָּה cake
עֶגְלָה a heifer
עֲגָלָה a wagon
עַד until, unto, before, עַד אִם, עַד אֲשֶׁר, עַד אֲשֶׁר אִם, עַד כִּי, until; עַד הֵנָּה until here, since, hitherto; עַד כֹּה yonder, עַד מְאוֹד exceedingly; עַד עוֹלָם for ever
עֵד a witness
עַד booty
עֵדָה a witness
עֶדְנָה pleasure
עֵדֶר herd, flock, drove, עֲדָרִים
עֲדָשִׁים lentiles
עוּגָב organ
עוּד Hi. to protest
עוֹד yet, again, whilst, awhile, still, besides, עוֹדְךָ, עוֹדֶנִּי, עוֹדֶנּוּ, עוֹדֶנָּה, עוֹדִינָה; plur. עוֹדֵנוּ
עוֹלָם for ever, old, everlasting
עָוֹן iniquity
עוּל to be with young

עוּף Pi. to fly
עוֹף fowl
עוֹר skin, עוֹרוֹת
עֵז a goat, עִזִּים
עַז or עֹז power, powerful
עָזַב to leave
עֵזֶר helper, help
עָטַף K. and Hi. to be feeble. Inf. Hi. בְּהַעֲטִיף
עַיִט bird of prey
עַיִן eye, well, const. עֵין; עֵינִי, עֵינַיִם, עֵינֵי, עֵינַי
עָיֵף faint
עִיר a city, עָרִים
עַיִר a young ass, עֲיָרִים
עֵירֹם naked, עֵירֻמִּים
עָכַר to trouble
עַל, עֲלֵי upon, concerning, over, by, towards, on account of, besides, against, because, to, at, with, עָלַי, עָלֶיךָ, עָלַיִךְ
עַל אוֹדוֹת on account of
עַל בְּלִי because not
עַל דְּבַר on account of
עַל כֵּן therefore
עַל פִּי according to
עַל פְּנֵי before
עֹל yoke, עוּלוֹ
עָלָה to go up, to arise. Hi. to cause to go up, to bring or carry up, to offer

עֹלָה a burnt offering
עָלֶה a leaf, const. עֲלֵה
עֲלָטָה darkness
עֶלְיוֹן most high, uppermost
עַלְמָה a young woman
עָלַף Hit. to wrap oneself
עַם people, עַמִּי
עִם with, by, near, עִמָּהּ with her
עָמַד to cease, to stand, to stay, יַעֲמֹד
עִמָּדִי with me
עָמָל trouble
עָמַס to load
עֵמֶק a valley *or* plain
עֵנָב grape, עֲנָבִים
עָנָה to answer. Pi. to afflict. Hit. to afflict oneself
עֳנִי affliction, עָנְיִי my affliction
עָנַן Pi. to cloud; inf. with aff. בְּעַנְנִי
עָנָן a cloud
עָפָר dust
עֵץ a tree, wood
עָצַב N. and Hit. to grieve
עִצָּבוֹן or עֶצֶב grief
עָצַם to become strong
עֶצֶם bone, self, עֶצֶם הַיּוֹם self same day, עַצְמִי
עָצַר to restrain
עָקַב to supplant
עָקֵב heel, the rear of an army
עֵקֶב אֲשֶׁר because
עָקַד to bind, יַעֲקוֹד
עָקֹד ringstraked
עָקַר Pi. to uproot
עָקָר barren
עָרַב to stand as surety, אֶעֶרְבֶנּוּ
עֶרֶב evening, לִפְנוֹת עֶרֶב at the turn of evening
עֹרֵב a raven
עֵרָבוֹן a pledge
עָרָה Pi. to empty
עֶרְוָה nakedness
עָרוּם subtle, cunning
עֲרִירִי childless
עָרַךְ to set in order, to join, יַעַרְכוּ
עָרֵל uncircumcised
עָרְלָה foreskin
עָרֹם naked, עֲרוּמִּים
עַרְמוֹן chestnut tree
עֹרֶף neck
עֵשֶׂב herb
עָשָׂה to make, to do, to prepare, to acquire, to practise, to perform, to produce. N. to be done
עָשׂוֹר ten
עֶשֶׂר f., עֲשָׂרָה, עֲשֶׂרֶת m. ten
עָשָׁן smoke
עָשַׂק Hit. to contend

עָשַׁר Hi. to enrich, הֶעֱשַׁרְתִּי
עֹשֶׁר riches
עִשֵּׂר Pi. to give a tithe, אֲעַשְּׂרֶנּוּ
עֶשְׂרִים twenty
עֵת time
עַתָּה now
עַתּוּד a he-goat
עָתַק Hi. to remove, יַעְתֵּק
עָתַר to implore, fut. יֶעְתַּר, fut. N. נֶעְתַּר

פ

פָּגַע to entreat, to alight, to meet
פֶּגֶר carcase, פְּגָרִים
פָּגַשׁ to meet
פֶּה mouth, opening, command, edge, const. פִּי, with affixes פִּיךָ, פִּי
פֹּה here
פּוּג to be faint
פּוּץ K. and N. to be scattered. Hi. to scatter
פּוּר Hi. to break
פָּזַז to be strong
פַּחַד fear
פַּחַז wantonness
פִּילֶגֶשׁ concubine
פָּלָא N. to be wonderful
פָּלַג N. to be divided
פִּלֶגֶשׁ same as פִּילֶגֶשׁ concubine
פָּלִיט a fugitive
פְּלֵטָה or פְּלֵיטָה escape, deliverance
פָּלַל Pi. to expect. Hit. to pray
פָּנָה to turn. Pi. to clear
פֶּן lest
פָּנִים presence, face, surface, person; פְּנֵי, פָּנַי, פָּנֶיךָ; עַל פְּנֵי before, towards
פָּעַם N. to be troubled
פַּעַם time; הַפַּעַם this time, now; פְּעָמִים times; פַּעֲמַיִם twice
פָּצָה to open
פָּצַל Pi. to peel
פְּצָלוֹת streaks
פֶּצַע a wound, פְּצָעַי
פָּצַר to press, וַיִּפְצַר
פָּקַד K. to visit, to charge. Hi. to appoint
פִּקָּדוֹן deposit
פָּקִיד an overseer
פָּקַח to open, וַיִּפְקַח
פַּר a bullock, a heifer
פֶּרֶא a wild ass
פָּרַד to separate
פָּרָה to be fruitful. Hi. to make fruitful
פָּרָה a cow, פָּרוֹת
פָּרַח to bud, part f. פֹּרַחַת
פְּרִי fruit, פִּרְיוֹ

פָּרַץ to burst forth, to increase, to spread abroad
פֶּרֶץ breach
פָּרַק to break
פָּרָשׁ a horseman
פֹּרָת fruitful, part. of פָּרָה
פָּשַׁט Hi. to strip
פֶּשַׁע transgression, פִּשְׁעִי
פַּת a piece, a morsel
פָּתַח to open. N. to be opened. Pi. to ungird
פֶּתַח door, opening, entrance, הַפֶּתְחָה to the entrance
פָּתִיל a string
פָּתַל N. to wrestle
פָּתַר to interpret, וַיִּפְתָּר
פִּתְרוֹן interpretation

צ

צֹאן flock, flocks
צָבָא host, army
צָבַר to gather
צַד side, צִדָּהּ
צֵדָה or צֵידָה provision
צַדִּיק just, righteous
צָדַק to be just. Hit. הִצְטַדֵּק to justify oneself
צְדָקָה righteousness
צֹהַר a window
צָהֳרַיִם noon
צַוָּאר neck, צַוָּארֵי, צַוָּארָיו
צוּד to hunt
צָוָה Pi. to command, to charge
צָחַק to laugh. Pi. to mock, to sport
צַיִד venison, hunting; אִישׁ יֹדֵעַ צַיִד a cunning hunter, צַיִד בְּפִיו he ate of his venison
צֵל shadow
צָלַח Hi. to cause to prosper, מַצְלִיחַ prosperous
צֶלֶם image, צַלְמוֹ
צֵלָע a rib
צָלַע to halt, צֹלֵעַ
צָמַח to grow. Hi. וַיַּצְמַח, תַּצְמִיחַ
צֶמַח growth
צָמִיד bracelet
צָנַם to be withered
צָעַר to shoot up
צָעִיף a veil
צָעִיר the younger one
צְעִירָה the younger, youth
צָעַק to cry, וַיִּצְעַק
צְעָקָה cry
צָפָה to watch
צָפוֹנָה north, northward
צִפּוֹר bird
צַר an enemy
צְרוֹר a bundle
צָרָה distress
צְרִי balm
צָרַר to be distressed; וַיֵּצֶר לוֹ and he was distressed

ק

קְבוּרָה a burial-place

קָבַץ to gather

קָבַר to bury. N. and Pu. to be buried

קֶבֶר a burial place, קִבְרוֹ

קָדַד to bow

קָדִים east, east wind

קֶדֶם east, קִדְמַת east of

קָדְקֹד crown of the head

קָדַשׁ Pi. to sanctify

קָהָל an assembly

קָוָה N. to be joined. Pi. to wait for

קוֹל voice, fame

קוּם to rise, to arise, to be confirmed. Hi. to establish, to raise, to arouse

קוֹמָה height, קוֹמָתָהּ

קוּץ to be weary

קוֹץ thorn

קוֹרָה a roof, קוֹרָתִי

קָטֹן to be unworthy, קָטֹנְתִּי

קָטָן or קָטֹן little, young, קְטַנָּה f.

קִיטֹר smoke

קַיִץ summer

קָלַל to be diminished. N. to be despised. Pi. to curse

קְלָלָה a curse

קֶמַח meal

קְמָצִים handfuls

קֵן a room, קִנִּים

קָנָא Pi. to be jealous of, וַיְקַנְאוּ

קָנָה to purchase, to obtain, to possess

קָנֶה a stalk

קִנְיָן possession

קֵץ end; מִקֵּץ at the end, after

קָצֶה end; מִקְצֵה some

קָצִיר harvest

קָצַף to be angry

קֹר cold

קָרָא to call

קָרָא to befall

קָרַב K. and Hi. to approach, to draw near

קֶרֶב inward part; בְּקֶרֶב in the midst, among, within

קָרָה to befall. Hi. to cause to happen

קָרוֹב near

קֶרַח cold

קֶרֶן horn, קַרְנָיו

קָרַע to tear, to rend, וַיִּקְרַע

קָשָׁה to be cruel. Pi. and Hi. to make difficult or hard

קָשָׁה adj. f. hard

קָשַׁר to bind; part. קָשֻׁר strong; partic. Pu. מְקֻשָּׁרוֹת strong

קֶשֶׁת a bow, קַשְׁתִּי

קַשָּׁת an archer

ר

רָאָה to see, to behold, to provide, to look out. N. to appear. Hi. to cause to see, to shew. Hit. to look at one another

רְאֵה behold

רֹאשׁ head, top

רִאשׁוֹן first, former

רֵאשִׁית beginning

רַב much, many, enough, the elder

רֹב abundance, multitude

רָבַב to become abundant, to increase

רָבַב to shoot

רְבָבָה ten thousand

רָבָה to be great *or* much, to grow up, to increase, to multiply. Hi. to increase, to multiply, to enrich; הַרְבֵּה adv. greatly, much

רָבִיד a chain

רְבִיעִי m., רְבִיעִית f., fourth

רָבַץ to lie, to couch

רָגַז to be agitated

רָגַל Pi. to spy

רֶגֶל the foot, pace; לְרַגְלִי since my coming

רָדָה to rule

רָדַף to pursue

רְהָטִים gutters

רוּב K. and Hi. to quarrel

רוּד Hi. to rove about

רוּחַ breath, wind, spirit; רוּחַ הַיּוֹם cool of the day

רוּחַ Hi. to smell

רֶוַח space

רוּם to be elevated. Hi. to raise, to set up

רוּץ to run. Hi. to bring back quickly

רוּק Hi. to empty, to make ready

רָחַב Hi. to enlarge

רְחֹב a street

רָחָב large; רַחֲבַת יָדַיִם large enough

רֹחַב breadth, רָחְבָּה

רָחֵל a ewe

רֶחֶם womb

רַחֲמִים mercy, compassion, רַחֲמָיו

רָחַף Pi. to hover, part. מְרַחֶפֶת

רָחַץ to wash, imp. רַחֲצוּ

רָחַק to remove; הַרְחֵק distant, מֵרָחוֹק afar off

רִיב strife

רֵיחַ odour, smell; רֵיחַ נִיחוֹחַ sweet odour

רֵיק empty

רֵיקָם empty

רַךְ tender, רַכִּים
רָכַב to ride, Hi. וַיַּרְכֵּב
רֶכֶב a chariot
רֹכֵב rider
רְכֻשׁ or רְכוּשׁ substance, goods
רָכַשׁ to gather, to acquire
רָמָה Pi. to deceive
רָמַשׂ to creep
רֶמֶשׂ creeping thing
רַע evil, bad, sad, the evil; רַע בְּעֵינֵי displeasing
רֵעַ a friend, associate, the other
רֹעַ badness
רָעֵב to be famished
רְעָבוֹן or רָעָב famine
רָעָה to feed
רֹעֶה a shepherd, feeding
רֹעָה shepherdess
רָעָה evil, wickedness
רָעַע to be evil, to be hurtful; Hi. to do evil
רָפָא to heal
רֹפֵא a healer, a physician
רָצָה to be pleased
רָצוֹן will, pleasure
רָצַץ Hit. to struggle
רַק only
רַק poor, thin, רַקּוֹת empty
רקיע firmament, const. רְקִיעַ
רָשָׁע wicked

ש

שָׁאַב to draw
שָׁאָה Hit. to be amazed; part. מִשְׁתָּאֶה
שְׁאוֹל grave, pit
שָׁאַל to ask
שָׁאַר N. to remain
שְׁאֵרִית remainder
שָׁבָה to take captive
שָׁבוּעַ a week
שְׁבוּעָה an oath
שֵׁבֶט a tribe *or* sceptre
שִׁבֹּלֶת ear of corn, plur. שִׁבֳּלִים
שֶׁבַע const. שְׁבַע f., שִׁבְעָה const. שִׁבְעַת m., seven; שְׁבַע עֶשְׂרֵה f., שִׁבְעָה עָשָׂר m., seventeen; שִׁבְעִים seventy; שְׁבִיעִי m., שְׁבִיעִית f., seventh
שָׁבַע N. to swear. Hi. to cause to swear
שִׁבְעָתַיִם sevenfold
שָׁבַר to break
שָׁבַר to buy or sell corn. Hi. to sell corn
שֶׁבֶר corn, food, שִׁבְרָם
שָׁבַת to rest, to cease, יִשְׁבֹּתוּ
שַׁבָּת Sabbath rest
שַׁד breast
שַׁדַּי the Almighty
שָׁדַף to blight

שֹׁהַם onyx
שׁוּב to return. Hi. to bring back, to requite, to restore, to draw back. Ho. to be restored
שׁוּב adv. again
שׁוּף to bruise
שׁוֹר an ox
שׁוּר a wall
שׁוּת K. and Hi. to place, to put, to set
שָׁחָה Hit. to bow down, to worship
שָׁחַט to kill
שַׁחַר morning
שָׁחַת N. to be corrupt. Pi. to waste, to destroy. Hi. to destroy, שִׁחֵת past Pi.
שִׁיר a song
שָׁכַב to lie down
שָׁכַח to forget
שָׁכַךְ to abate
שָׁכֹל to become childless. Pi. to make childless, שִׁכֵּלוּ lost their young
שָׁכַם Hi. to rise early, יַשְׁכֵּם
שְׁכֶם shoulder, a portion, שִׁכְמוֹ
שָׁכַן to dwell. Hi. to place, יַשְׁכֵּן fut. Hi.
שָׁכַר to become drunk, יִשְׁכָּר
שָׁלוֹם peace, welfare, well; הֲשָׁלוֹם לוֹ is he well?
שָׁלַח to send, to send forth, to put forth, to lay. Pi. to send, to send away, to accompany. Pu. to be sent away
שַׁלִּיט a ruler
שָׁלַךְ Hi. to cast, fut. יַשְׁלֵךְ or יַשְׁלִיךְ
שָׁלָל spoil
שָׁלַם Pi. to reward
שָׁלֵם complete, peaceable, שְׁלֵמִים
שָׁלֹשׁ const. שְׁלֹשׁ, שְׁלָשׁ־ f., שְׁלֹשָׁה const. שְׁלֹשֶׁת m., three; שְׁלֹשׁ עֶשְׂרֵה f., שְׁלֹשָׁה עָשָׂר m., thirteen; שְׁלֹשִׁים thirty; שְׁלִישִׁי m., שְׁלִישִׁית f., third; שִׁלֵּשִׁים, שְׁלִישִׁים third
שָׁם, שָׁמָּה there
שֵׁם name, שְׁמִי, שִׁמְךָ; pl. שֵׁמוֹת
שָׁמַד N. to be destroyed
שָׁמַיִם heaven
שָׁמֵם N. to be desolate
שֶׁמֶן fat, oil
שָׁמֵן adj. fat, f. שְׁמֵנָה
שְׁמֹנֶה f., שְׁמֹנָה const. שְׁמֹנַת m., eight; שְׁמֹנֶה עֶשְׂרֵה f., שְׁמֹנָה עָשָׂר m., eighteen; שְׁמֹנִים eighty; שְׁמִינִי m., שְׁמִינִית f., eighth

שֵׁמַע tidings, report
שָׁמַע to hear, to understand, to hearken. N. to be heard. K. fut. יִשְׁמַע, inf. שְׁמֹעַ, שְׁמוֹעַ ; part. f. שֹׁמַעַת ; שְׁמַעַן 2nd per. plur. f. imp.
שָׁמַר to keep, to cbserve. N. to take heed
שֶׁמֶשׁ sun
שֵׁן tooth, dual שִׁנַּיִם
שָׁנָה a year, plur. שָׁנִים, שְׁנֵי or שָׁנוֹת, שְׁנוֹת ; dual שְׁנָתַיִם
שָׁנָה N. to repeat itself
שֵׁנָה sleep, שְׁנָתִי
שָׁנִי scarlet
שְׁנַיִם const., שְׁנֵי m., שְׁתַּיִם const. שְׁתֵּי f., two ; שְׁתֵּים עֶשְׂרֵה f., שְׁנֵים עָשָׂר m., twelve; שֵׁנִי m., שֵׁנִית f., שְׁנִיִּים plur., second ; שְׁנֵינוּ both of us, שְׁנֵיכֶם both of you, שְׁנֵיהֶם both of them, שֵׁנִית a second time, again
שָׁעָה to look at favorably
שָׁעַן N. to support oneself, to rest
שַׁעַר a gate ; מֵאָה שְׁעָרִים a hundred fold
שִׁפְחָה a handmaid, a female servant
שָׁפַט to judge
שֹׁפֵט a judge
שְׁפִיפוֹן an adder
שָׁפַךְ to shed
שֶׁפֶר pleasantness
שְׁקֵדִים almonds
שָׁקָה Hi. to cause to drink, to water, to give drink
שָׁקַל to weigh
שָׁקַף Hi. to look, יַשְׁקֵף
שָׁקַר to deceive
שֹׁקֶת a drinking trough ; plur. const. שִׁקֲתוֹת
שָׁרַץ to creep, to increase *or* bring forth abundantly
שֶׁרֶץ creeping thing
שָׁרַת Pi. to serve, וַיְשָׁרֶת
שֵׁשׁ fine linen
שֵׁשׁ f., שִׁשָּׁה const. שֵׁשֶׁת m., six ; שֵׁשׁ עֶשְׂרֵה f., שִׁשָּׁה עָשָׂר m., sixteen ; שִׁשִּׁים sixty ; שִׁשִּׁי m., שִׁשִּׁית f., sixth
שָׁתָה to drink

שׂ

שְׂאֵת dignity, forgiveness
שֹׂבַע abundance
שָׂבֵעַ full
שָׂדֶה a field, const. שְׂדֵה
שֶׂה lamb
שׂוּחַ to meditate

שׂוּם to put, to place, to make, to set, to appoint
שָׂחַם to press, וָאֶשְׂחָם
שָׂטַם to hate
שֵׂיבָה old age, gray hair שֵׂיבָתִי
שִׂיחַ plant
שָׂכַל Pi. to guide intentionally. Hi. to make wise
שָׂכַר to hire
שָׂכָר hire, reward שְׂכָרִי
שְׂמֹאל the left; הִשְׂמְאִיל to go to the left
שִׂמְחָה joy
שִׂמְלָה a cloth, a garment
שָׂנֵא to hate
שָׂעִיר a kid, hairy
שֵׂעָר hair
שָׂפָה language, border *or* shore, שְׂפָתָם
שַׂק sackcloth, sack, שַׂקּוֹ
שַׂר a prince, a chief, ruler
שָׂרָה to prevail
שְׂרוֹךְ a latch; שְׂרוֹךְ נַעַל a shoe latch
שָׂרִיג a branch of a vine
שָׂרַף to burn
שְׂרֵפָה burning
שֹׂרֵקָה vine-branch

ת

תַּאֲוָה a delight, boundaries
תְּאוֹמִים or תּוֹמִים twins
תְּאֵנָה fig-tree
תֹּאַר form
תֵּבָה ark
תְּבוּאָה produce
תֶּבֶן straw
תֹּהוּ desolation
תְּהוֹם depth of the sea
תָּוֶךְ const. תּוֹךְ midst; בְּתוֹךְ in the midst, among
תּוֹלֵדָה generation, birth
תּוֹעֵבָה abomination
תּוֹף timbrel
תּוֹר a turtle-dove
תּוֹרָה a law, תּוֹרוֹת
תּוֹשָׁב a sojourner
תְּחִילָה beginning
תַּחַת under, instead of; תַּחְתֶּנָּה in its place; תַּחְתִּים lower
תִּירוֹשׁ new wine
תַּיִשׁ a he-goat, תְּיָשִׁים
תָּלָה to hang
תְּלִי a quiver, תֶּלְיְךָ
תֹּם or תָּם־ integrity
תָּם perfect
תָּמַה to be astonished
תְּמוֹל yesterday; תְּמוֹל שִׁלְשֹׁם formerly, before
תָּמִיד continual, continually
תָּמִים perfect
תָּמַךְ to hold up

תָּמַם K. and N. to finish, to come to an end
תַּנּוּר an oven, a furnace
תַּנִּין a whale
תָּעָה to wander
תָּפַר to sew
תָּפַשׂ to catch, to handle

תָּקַע to pitch a tent
תַּרְדֵּמָה a deep sleep
תְּשׁוּקָה a desire
תֵּשַׁע const. תְּשַׁע f., תִּשְׁעָה const. תִּשְׁעַת m., nine; תְּשַׁע עֶשְׂרֵה f., תִּשְׁעָה עָשָׂר m., nineteen; תִּשְׁעִים ninety

APPENDIX.

A Tabular Form shewing the Roots and parts of most of the Verbs, found in Genesis, which contain only one or two Radical Letters.

Example :—Thus ה—הַטִּי is the sign of the Hiphgnel form, י the second person feminine imperative, ט is the only radical. Immediately following the ט is נָטָה which is the root, and among the parts will be found הַטִּי imperative Hiphgnel.

וַיֵּשְׁתְּ,—following שׁת, which are the radicals, will be seen שָׁתָה the root, and וַיֵּשְׁתְּ future tense Kal.

Note 1.—The parts given are chiefly those *not* conjugated according to the examples given of the various classes of verbs in the Grammar : thus עָשִׂיתִי from עָשָׂה will not be found with עשׂ, it being the same part, as גָּלִיתִי from גָּלָה, which is the example in the Grammar of a verb quiescent in ה.

2.—The irregular parts of the verbs containing three letters are also given. Example תַּעֲשֶׂה fut. Kal, from the root עָשָׂה, which is different from תִּגְלֶה fut. Kal of גָּלָה.

3.—Verbs with silent י following the prefixes will not be found in the list, as such י is radical : thus וַיִּישַׁן, שׁן from יָשֵׁן is omitted, the verb containing all the three radicals י, שׁ, and ן.

א

אץ אוּץ וַיָּאִיצוּ fut. Hi.

אר אָרַר אָאֹר fut. K.

אר אוֹר לְהָאִיר inf. Hi.

את אוּת נֵאוֹת יֵאֹתוּ fut. K.

ב

בא בּוֹא בָּאתִי בָּאתָ בָּאת בָּא בָּאָה past K.

אָבֹא אָבוֹאָה תָּבֹאן fut. בּוֹא בֹּא imp.

בֹּא inf. בֹּאֵךְ or בֹּאֲכָה בּוֹאִי בּוֹאָן inf. with aff.

בָּא m. בָּאָה f. part. הֵבֵאתִי past Hi. הֲבִיאוֹתִיו

past with aff. אָבִיא וַיָּבֵא fut. וַיְבִיאֶהָ fut. with

aff. הָבֵא הָבִיאָה imp. הָבִיא לְהָבִיא inf.

הוּבָאת 3 pl. f. past Ho.

בז בָּזָה וַיִּבֶז fut. K.

בז בָּזַז וַיָּבֹזּוּ fut. K.

בכ בָּכָה וַיֵּבְךְּ fut. K. לִבְכּוֹת inf.

בל בָּלַל נָבְלָה fut. K. 1st p., or past N. 3rd

בל בָּלָה בְּלוֹתִי inf. K. with aff.

בן בָּנָה וַיִּבֶן fut. K.

בן בּוּן נָבוֹן part. N.

ג

גר גָּדַד יְגוּדֶנּוּ fut. K. with aff.

גז גָּזַז לָגוֹז inf. K.

גל גָּלָה וַיִּתְגַּל fut. Hit.

גל גָּלַל וַיָּגֶל fut. Hi.

גר גּוּר גַּרְתָּה past K. 2nd person. וַיָּגָר fut.

ד

ד יָדָה יוֹדוּךָ fut. Hi. with aff.

דג דָּגָה וַיִּדְגּוּ fut. K.

דד נָדַד וַתִּדַּד fut. K.

דן דּוּן דָּנַנִּי past K. with aff. יָדוֹן fut. K. יָדִין fut. Hi.

דע יָדַע אֵרְעָה or אֵדְעָה נֵדְעָה fut. K. דַּע imp.

יָדוֹעַ דַּעַת inf.

דר נָדַר וַיִּדַּר fut. K.

ה

הב יָהַב הָבָה imp. K. m. with ה added. הָבוּ imp. pl.

הי הָיָה וְהָיִיתֶם past K. יְהִי וַיְהִי וִיהִי וַתְּהִי

תִּהְיֶיןָ fut. K. הֱיֵה וֶהְיֵה m. s. הֲיִי f. הֱיוּ imp. plur.

הָיוֹ or הָיֹה inf. לִהְיוֹת בִּהְיוֹת inf. with pref.

הֱיוֹתִי בִּהְיוֹתָם inf. with aff.

הר הָרָה הָרְתָה past. K. וַתַּהֲרֶיןָ וַתַּהַר fut.

ז

זר זוּר וַיָּזֶר fut. Hi.

זם זָמַם יָזְמוּ 3 pl. fut. fut. K.

ח

חד יָחַד תַּחַד fut. K.

חט חָטָא מֵחַטּוֹ inf. K. אֲחַטֶּנָּה fut. Pi. with aff.

חי חָיָה חַי or חָי past 3rd m. K. חָיְתָה 3rd f. יְחִי
וַיְחִי וּתְחִי fut. וִחְיוּ imp. plur. לְחַיּוֹת inf. Pi.
הֶחֱיִיתָנוּ past Hi. with aff. לְהַחֲיוֹת inf. Hi.

חל חָלַל הֵחֵל past Hi. וַיָּחֶל תְּחִלֶּינָה fut. Hi.
הַחִלָּם inf. with aff. הוּחַל past Ho.

חם חָמַם כְּחֹם inf. K.

חם יָחַם וַיֶּחֱמוּ וַיֵּחַמְנָה fut. plur. K.

חן חָנָה וַיִּחַן fut. K.

חן חָנַן חַנֵּנִי past K. with aff. יְחָנְךָ fut. with aff.

חץ חָצָה וַיַּחַץ fut. K.

חר חָרָה יִחַר וַיִּחַר fut. K.

ט

ט נָטָה וַיֵּט וַיֶּט־ fut. Hi. הַטִּי imp. Hi.

כ

כ נָכָה הִכּוּ past Hi. וְהִכֵּנִי וְהִכָּהוּ וְהִכּוּנִי past
with aff. וַיַּכּוּ fut. וַיַּכֵּם נַכֶּנּוּ fut. with aff. הַכּוֹת
inf. הַמַּכֶּה part. m.

AND READING BOOK. 203

כח יָכַח וְנוֹכַחַת part. f. N. יוֹכִיחַ וַיּוֹכַח fut. Hi.

כל יָכֹל אוּכַל תּוּכַל נוּכַל fut. Ho.

כל כָּלָה וַיְכַל וַתְּכַל fut. Pi. וַיְכֻלּוּ fut. Pu.

כס כָּסָה וַתְּכַס fut. Pi. וַתִּתְכַּס fut. Hit.

כר כָּרָה וַיִּכְרוּ fut. K.

כר נָכַר הִכִּירוֹ past Hi. with aff. וַיַּכֵּר fut. וַיַּכִּירֵם fut. with aff.

ל

לא לָאָה וַיִּלְאוּ fut. K.

לד יָלַד יֵלֵד תֵּלֵד fut. K. לֶדֶת inf. לִדְתִּי לִדְתָּהּ בְּלִדְתָּהּ inf. with aff. וְיֹלַדְתְּ part. fem. וַיּוֹלֶד fut. Hi. הוֹלִידוֹ inf. with aff. הֻלֶּדֶת inf. Ho.

לה לָהָה וַתֵּלַהּ fut. K.

לך יָלַךְ אֵלַךְ or אֵלְכָה תֵּלֵךְ וַתֵּלֶךְ נֵלְכָה or נֵלֲכָה fut. K. לֵךְ or לְכָה imp. sing. לְכוּ pl. לֶכֶת inf.

לן לוּן לָן past. K. לָלוּן inf. וַיָּלֶן וַיָּלִינוּ fut. Hi. לִינוּ imp.

מ

מח מָחָה וַיִּמַח וַיִּמָּחוּ fut. N.

מל מוּל וַיָּמָל fut. K.

מש מָשַׁשׁ וַאֲמֻשְׁךָ וַיְמֻשֵּׁהוּ יְמֻשֵּׁנִי fut. K. with aff.

מת מוּת מַתִּי מֵת מֵתָה מֵתוּ past K. אֲמוּתָה
וַיָּמָת וַתָּמָת תְּמֻתוּן fut. מֵת m. מֵתָה f. part.

נ

נח נוּחַ וַתָּנַח fut. K. or fut. Hi. וַיַּנִּחֵהוּ fut.
with aff. הַנִּיחוּ imp.
נח נָחָה נְחַנִי past K. with aff. הִנְחַנִי Hi. past with aff.
נש נָשָׁה נַשַּׁנִי past Pi.
נת נָתַן נָתַתִּי נָתַתָּ or נָתַתָּה נְתַתֶּם נָתַנּוּ (1st plur.)
past K. נְתַתִּיךָ נְתַתִּיו נְתַתִּיהָ past with aff.

ס

סף יָסַף אֹסִף תֹּסֵף יֹסֵף תֹּסִפוּן fut. Hi.
סר סוּר וַיָּסֻרוּ fut. K. וַיָּסַר וַתָּסַר fut. Hi. הָסֵר
הָסִירוּ imp. הָסֵר inf.

ע

על עוּל עָלוֹת part. f. pl.
על עָלָה אֶעֱלֶה fut. K. יַעֲלֶה or יַעַל fut. K. or Hi.
עֲלוּ imp. K. עֲלֹה עֲלוֹת inf. הֶעֱלָה הַעֲלִתֶם
past Hi. אַעַלְךָ וַיַּעֲלֵהוּ fut. with aff. וְהַעֲלֵהוּ
imp. with aff.
ען עָנָה יַעֲנֶה וַיַּעַן fut. K. לַעֲנוֹת inf.
ער עָרָה וַתְּעַר fut. Pi.

עש עָשָׂה תַּעֲשֶׂה or תַּעַשׂ יַעֲשֶׂה וַיַּעַשׂ fut. K.

אֶעֱשְׂךָ fut. with aff. עֲשֶׂה imp. עֲשׂוּ עָשׂה

עֲשׂוֹת inf. יֵעָשֶׂה fut. N.

פ

פג פוּג וַיָּפָג fut. K.

פז פָּזַז וַיָּפֹזּוּ fut. K.

פן פָּנָה וַיִּפְנוּ fut. K. לִפְנוֹת inf.

פץ פּוּץ הֱפִיצָם past Hi. with aff. וַיָּפֶץ fut. אֲפִיצֵם
fut. with aff.

פר פּוּר הֵפַר past Hi.

פר פָּרָה פְּרוּ imp. K. הִפְרַנִי past Hi. with aff. יַפְרְךָ
fut. with aff.

פת פָּתָה יַפְתְּ fut. 3rd Hi.

צ

צא יָצָא יֵצֵא תֵּצֵא fut. K. צֵא imp. יָצֹא or יָצוֹא

צאת בְּצֵאת inf. בְּצֵאתוֹ inf. with aff. יוֹצֵא

יוֹצֵאת יוֹצְאוֹת part. הוֹצֵאתִי הוֹצִיא past Hi.

אוֹצִיאָה תּוֹצֵא וַתּוֹצֵא fut. הוֹצֵא הַיְצֵא imp.

הוֹצִיא inf. בְּהוֹצִיאָם inf. with aff. מוּצֵאת
part. f. pass.

צג יָצַג אַצִּיגָה יַצֵּג fut. Hi

צד צוּד הַצָּד part. m. K.

צו צִוָּה וַיְצַו fut. Pi.

צף צָפָה יִצֶף fut. K.

צק יָצַק וַיִּצֹק fut. K.

צר יָצַר וַיִּיצֶר fut. K.

צר צָרַר וַיֵּצֶר fut. K.

ק

ק נָקָה וְנִקֵּיתָ past. N.

קד קָדַד וָאֶקֹּד וַיִּקֹּד fut. N.

קח לָקַח אֶקַּח or אֶקְחָה יִקַּח יִקְחוּ fut. K.

קַח or קְחָה imp. לָקַחַת inf. קַחְתֵּךְ בְּקַחְתּוֹ

inf. with aff. יֻקַּח וַתֻּקַּח fut. Ho.

קם קוּם וַיָּקָם וַתָּקָם וְנָקוּמָה fut. K. יְקִימֶנּוּ

fut. Hi. with aff.

קם נָקַם יֻקַּם fut. Ho.

קן קָנָה וַיִּקֶן fut. K. וַיִּקְנֵהוּ fut. with aff.

קע יָקַע וַתֵּקַע fut. K.

קץ קוּץ קַצְתִּי past K.

קר קָרָה וְקָרָהוּ past. with aff. הַקֹּרֹת part. f. plur.

קש קָשָׁה קָשְׁתָה 3 f. past K. וַתְּקַשׁ fut. Pi.

בְּהַקְשׁוֹתָהּ inf. Hi. with aff.

ר

ר יָרָה לְהוֹרוֹת inf. Hi.

רא רָאָה רָאֲתָה past K. רָאָם 3 past with aff.

וָאֵרָא יֵרָא וַיֵּרָא וַתֵּרָא fut. רְאֵה imp.

רְאֹה רָאוֹ רְאוֹ לִרְאוֹת כִּרְאוֹת מֵרְאוֹת inf.

רְאֹתִי רְאוֹתוֹ inf. with aff. רֹאוֹת part. f. plur.

רֹאִי part. with aff. נִרְאָה נִרְאֲתָה past N.

יֵרָאֶה וַיֵּרָא fut. הֶרְאָה past Hi. אַרְאֶךָּ fut.

with aff. תִּתְרָאוּ fut. Hit.

רב רָבַב וְרֹבּוּ 3 plur. past K.

רב רָבָה יֶרֶב וַתֵּרֶב fut. K. רְבוּ imp. הַרְבֵּה

inf. Hi. וַיַּרְבְּךָ fut. with aff.

רב רוּב רָבוּ past K. וַיָּרֶב תָּרִיבוּ fut. Hi.

רד רָדָה וְיִרְדּוּ fut. K. וּרְדוּ imp.

רד רוּד תָּרִיד fut. Hi.

רד יָרַד אֵרְדָה נֵרְדָה וַיֵּרֶד fut. K. רֵד or

רְדָה imp. וַתּוֹרֶד fut. Hi. הוֹרִדֻהוּ imp.

with affix

רח רוּחַ וַיָּרַח fut. Hi.

רם רוּם וַתָּרָם f. K. וַיְרִימֶהָ Hi. fut. with aff.

רע רָעָה רְעוּ imp. K. לִרְעוֹת inf.

רע רָעַע יֵרַע וַיֵּרַע fut. K. הֲרֵעֹתֶם past Hi.

נָרַע תָּרֵעוּ fut. Hi. לְהָרַע inf.

רץ רוּץ רָץ past K. וַיָּרָץ וַתָּרָץ fut. K.

וַיְרִצֻהוּ fut. Hi. with aff.

רץ רָצָה וַתְּרַצֵּנִי 2 per. K. fut. with aff.

רק רוּק וַיָּרֶק fut. Hi. מְרִיקִים part.

רש יָרַשׁ יִרַשׁ or יִירַשׁ fut. K. לְרִשְׁתְּךָ לְרִשְׁתָּהּ

inf. with aff.

ש

שב יָשַׁב יֵשֵׁב וַיֵּשֶׁב fut. K. שְׁבָה imp. with ה added

וַיּוֹשֶׁב fut. Hi.

שב from שׁוּב אָשׁוּבָה נָשׁוּבָה וַיָּשָׁב וַתָּשָׁב fut. K.

שׁוֹב or שׁוּב inf. שׁוּבִי שׁוּבְךָ inf. with aff.

וַהֲשִׁיבֹךָ past with aff. וַיָּשֶׁב וַנָּשֶׁב fut. Hi.

שב שָׁבָה שָׁבוּ past K. שְׁבוּיוֹת part. pass. f. plur.

שח שָׁחָה וָאֶשְׁתַּחֲוֶה 1st per. sing.

וַיִּשְׁתַּחוּ 3rd pers. וְנִשְׁתַּחֲוֶה 1st.plur. יִשְׁתַּחֲווּ

וַיִּשְׁתַּחֲווּ וְיִשְׁתַּחֲווּ 3rd pers. plur. m. וַתִּשְׁתַּחֲוֶיןָ,

3rd pers. plur. fem. each part is in the Hit. fut. לְהִשְׁתַּחֲוֹות

inf. Hit.

שך שָׁכַךְ וַיָּשֹׁכּוּ fut. K.

שם שָׁמֵם תֵּשַׁם fut. N.

שע שָׁעָה וַיִּשַׁע fut. K.

שק שָׁקָה וַיַּשְׁקְ וַתַּשְׁקְ וַתַּשְׁקֶןָ וַתַּשְׁקֵהוּ fut. Hi. with aff. הַשְׁקוּ imp. לְהַשְׁקוֹת inf.

שק נָשַׁק יִשַּׁק fut. K. וּשְׁקָה imp. with ה added

שת שָׁתָה וַיֵּשְׁתְּ וָאֵשְׁתְּ fut. K. לִשְׁתּוֹת inf.

שת שׁוּת שַׁתָּם past with aff. וַיָּשֶׁת fut. Hi. וַיְשִׁתֵהוּ fut. with aff.

שׂ

שׂא נָשָׂא וָאֶשָּׂא וַיִּשָּׂא fut. K. שָׂא שְׂאִי imp. שְׂאֵת לָשֵׂאת מִנְּשׂוֹא inf.

שׂם שׂוּם וָאָשִׂמָה וָאָשִׂם וַיָּשֶׂם fut. Hi. יְשִׂמְךָ וַיְשִׂמֵנִי fut. with aff. וַיּוּשַׂם fut. Ho.

ת

תם תָּמַם תַּם past K. וַיִּתֹּם וַתִּתֹּם fut. N.

ת נָתַן תֵּת לָתֵת לָתֶת inf. תִּתִּי מִתִּתִּי inf. with aff.

תן נָתַן אֶתֵּן or אֶתְּנָה וָאֶתְּנָה תִּתֵּן נִתֵּן or נִתְּנָה (1st plur.) fut. K. אֶתְּנֶנָּה יִתְּנֶנָּה וַיִּתְּנֵהוּ fut. with aff. תֵּן or תְּנָה תְּנִי תְּנוּ imp. נִתְּנוּ 3 past plur. N.

תע תָּעָה וַתֵּתַע fut. K. הִתְעוּ past Hi.

תר יָתַר תּוֹתַר fut. Hi.

CHANGES OF VOWEL POINTS.

NOUNS and adjectives undergo certain changes in their points on account of the constructive form, the plural number, and the possessive affixes, as will be seen from the following examples.

The parts given in the examples are the absolute and constructive forms, and the possessive affix for the first person, each in the singular and plural: as sing. דָּבָר abs.; דְּבַר const.; דְּבָרִי poss. affix; plur. דְּבָרִים abs.; דִּבְרֵי const.; דְּבָרַי poss. affix; the other possessive affixes will be found by observing the following—

1.—In the singular כֶם and כֶן are added to the constructive form: as דְּבַר const., דְּבַרְכֶם, דְּבַרְכֶן; the other affixes are like the 1st person, thus דְּבָרִי, דְּבָרְךָ, דְּבָרוֹ.

2.—In the plural having ־ִים or dual ־ַיִם; כם, כן, הם, הן are added to the constructive: as דִּבְרֵי const.; דִּבְרֵיכֶם, דִּבְרֵיכֶן, אָזְנַיִם, אָזְנֵי, אָזְנֵיכֶם; the other affixes to the absolute; as דְּבָרִים abs.; דְּבָרַי, דְּבָרֶיךָ, דְּבָרָיו.

3.—When the plural ends in וֹת all the affixes are formed from the const.: as נֶפֶשׁ, נְפָשׁוֹת, נַפְשׁוֹת const.; נַפְשׁוֹתַי, נַפְשׁוֹתֵיכֶם.

EXAMPLES:—

דָּבָר a word.

דָּבָר דְּבַר דְּבָרִי דְּבָרִים דִּבְרֵי דְּבָרַי

The second (ָ) remains if the third letter is א: as צָבָא const. צְבָא·

(ָ ֵ) have the same changes as (ָ ָ): לֵבָב *heart*, לְבַב, const. לְבָבִי; if י follows the (..) the (..) remains, הֵיכָל, הֵיכְלִי·

שָׁכֵן a neighbour ָ ֵ

שָׁכֵן שְׁכַן שְׁכֵנִי ·שְׁכֵנִים שִׁכְנֵי שְׁכֵנַי

Some retain the (ֵ), as עָקֵב, const. עֲקֵב·

נָגִיד a prince ָ ִי

נָגִיד נְגִיד נְגִידִי נְגִידִים נְגִידֵי נְגִידַי

שָׁלוֹם peace ָ וֹ   בָּרוּךְ blessed ָ וּ

וֹ (ָ) and (וּ ָ) only change the (ָ) into (:); as שָׁלוֹם const.; שְׁלוֹמִי, בְּרוּךְ const.

כּוֹכָב a star ָ וֹ

כּוֹכָב כּוֹכַב כּוֹכָבִי כּוֹכָבִים כּוֹכְבֵי כּוֹכָבַי

Some change (ָ) into (ַ) followed by dagesh: as שׁוֹשָׁן, שׁוֹשַׁנִּים·

שׁוֹפֵט a judge ֵ וֹ

שׁוֹפֵט שׁוֹפֵט שׁוֹפְטִי שׁוֹפְטִים שׁוֹפְטֵי שׁוֹפְטַי

Before ךָ, כֶם, and כֶן, the (ֵ) is changed: as שׁוֹפֶטְךָ·

כְּתָב a writing

כְּתָב כְּתָב כְּתָבִי כְּתָבִים כְּתָבֵי כְּתָבַי

(ְ ָ), (ְ ֵי), (ְ וֹ), (ְ וּ) mostly remain the same: as שְׁאָר; שְׁאָר const., שְׁאָרוֹ; דְּבִיר, דְּבִיר const. דְּבִירְךָ; בְּכוֹר, בְּכוֹר const., בְּכוֹרִי; גְּבוּל, גְּבוּל const., גְּבוּלִי.

A short vowel before dagesh.

גִּבּוֹר mighty

גִּבּוֹר גִּבּוֹר גִּבּוֹרִי גִּבּוֹרִים גִּבּוֹרֵי גִּבּוֹרַי

The point before dagesh as in גִּבּוֹר (or a ָ before ר) is not changed: as פָּרָשׁ, פָּרָשִׁים.

סֵפֶר a book

סֵפֶר סֵפֶר סִפְרִי סְפָרִים סִפְרֵי סְפָרַי

If the third letter be a guttural, the second will have (ַ): as מֵצַח, מֵצַח, מִצְחִי.

Note.—In nouns having (ֶ ֵ) or (ֶ ָ), the points before כֶם and כֶן singular are like those of the first person: as סִפְרִי, סִפְרְכֶם; מַלְכִּי, מַלְכְּכֶם.

חֹדֶשׁ a month

חֹדֶשׁ חֹדֶשׁ חָדְשִׁי חֳדָשִׁים חָדְשֵׁי חֳדָשַׁי

If the second or third letter be a guttural, the second will have (ַ): אֹרַח, פֹּעַל; אֹהֶל and בֹּהֶן are exceptions.

מֶלֶךְ a king ֶ ֶ בֶּגֶד a garment

מֶלֶךְ מֶלֶךְ מַלְכִּי מְלָכִים מַלְכֵי מַלְכֵי מַלְכַי

בֶּגֶד בֶּגֶד בִּגְדִי בְּגָדִים בִּגְדֵי בִּגְדֵי בְּגָדַי

(ֶ ֶ) and the first letter guttural, as—

עֶבֶד a servant

עֶבֶד עֶבֶד עַבְדִּי עֲבָדִים עַבְדֵי עַבְדֵי עֲבָדַי

(ַ ֶ) instead of (ֶ ֶ) when the third letter is a guttural: as

זֶבַח sacrifice

זֶבַח זֶבַח זִבְחִי זְבָחִים זִבְחֵי זִבְחֵי זְבָחַי

A guttural before ךָ, כם, כן is pointed (ֲ) instead of (ְ); as זִבְחֲכֶם·

(ַ ַ) instead of (ֶ ֶ) when the second letter is a guttural, as

בַּעַל a master

בַּעַל בַּעַל בַּעְלִי בְּעָלִים בַּעֲלֵי בַּעֲלֵי בְּעָלַי

זַיִת an olive ַ ִ י

זַיִת זַיִת זֵיתִי זֵיתִים זֵיתֵי זֵיתֵי זֵיתַי

מָוֶת death ָ ֶ ו

(ָוֶ) change into וֹ: as מוֹת const.; מוֹתִי, מוֹתְךָ·

שָׂדֶה ֶ ה a field

שָׂדֶה שְׂדֵה שָׂדִי שָׂדוֹת שְׂדֵי or שְׂדוֹת שָׂדַי or שְׂדוֹתַי

The ה is dropped except in the const. and third person sing., as שָׂדֵה, שָׂדֵהוּ.

ֹ חֹק a statute, from חָקַק

חֹק חָק־ חֻקִּי חֻקְּךָ חֻקִּים חֻקֵּי חֻקַּי חֻקְּכֶם

ֵ חֵץ an arrow, from חָצַץ

חֵץ חֵץ חִצִּי חִצִּים חִצֵּי חִצַּי

עָם or עַם people, from עָמַם

עַם עַם עַמִּי עַמִּים עַמֵּי עַמַּי

(-) sometimes is changed to (ִ), as פַּת, פִּתִּי.

These examples being derived from verbs having the second and third radicals alike, have dagesh in the second letter; Monosyllables not derived from such verbs have no dagesh, they sometimes retain their point, and sometimes change into (:), as עַד, עֲד const.; עֲדֵי; בֵּן, בֶּן const.; בְּנִי.

Feminine Nouns.

שִׂמְלָה . : ָ ה a garment

שִׂמְלָה שִׂמְלַת שִׂמְלָתִי שְׂמָלוֹת שִׂמְלוֹת שִׂמְלוֹתַי

Any other short vowel followed by (:) is like שִׂמְלָה: as חֶרְפָּה, חֶרְפַּת, חֶרְפָּתִי.

בְּרָכָה a blessing ה ָ ָ ְ

בְּרָכָה בִּרְכַּת בִּרְכָתִי בְּרָכוֹת בִּרְכוֹת בִּרְכוֹתַי

Note.—The following points before ־ָה generally have no change.

־ִי ֹ ו ֵ (the ו unaccented) and וּ ְ, a short vowel and a sheva, and a short vowel before dagesh : as

נְגִינָה נְגִינַת · עֲבוֹדָה עֲבוֹדַת · יְשׁוּעָה יְשׁוּעַת ·
שִׂמְלָה שִׂמְלַת · בַּקָּשָׁה בַּקָּשָׁתִי

סֻכָּה a booth, from סָכַךְ

סֻכָּה סֻכַּת סֻכָּתִי סֻכּוֹת סֻכּוֹת סֻכּוֹתַי

אִגֶּרֶת a letter ת ֶ

אִגֶּרֶת אִגֶּרֶת אִגַּרְתִּי אִגְּרוֹת אִגְּרוֹת אִגְּרוֹתַי

־ֶת (־ַת if added to a guttural) which denotes the feminine, has a dagesh in the singular, when the pronouns are affixed; this ת is omitted in the plural.

ת preceded by וּ or ־ִי, thus וּת, ־ִית, has no change in the singular; in the plural feminine it is changed into י (sounded): as מַלְכוּת, מַלְכֻיוֹת; תַּחְתִּית, תַּחְתִּיוֹת·

IRREGULAR NOUNS.

אָב father; const. אֲבִי; אָבִי, אָבִיךָ, אָבִיו; plur. אָבוֹת; const. אֲבוֹת, אֲבוֹתַי·

אָח brother; const. אֲחִי; אָחִי, אָחִיךָ, אָחִיו or אָחִיהוּ; plur. אַחִים; const. אֲחֵי; אַחַי, אַחֶיךָ, אַחֶיךָ, אֶחָיו, אַחֶיהָ·

אָחוֹת sister; const. אֲחוֹת; אֲחוֹתִי; plur. with affixes אַחְיוֹתַי, אַחְיוֹתֵיהֶן, אַחְוֹתֵיכֶם, אַחְיוֹתָיו, אֲחוֹתַיִךְ.

אִישׁ man; plur. אֲנָשִׁים; const. אַנְשֵׁי; אֲנָשַׁי.

אִשָּׁה woman; const. אֵשֶׁת; אִשְׁתִּי, אִשְׁתְּךָ; plur. נָשִׁים; const. נְשֵׁי; נָשַׁי, נָשֶׁיךָ.

בַּיִת house; const. בֵּית; בֵּיתִי; plur. בָּתִּים; const. בָּתֵּי.

בֵּן son; const. בֶּן; בְּנִי, בִּנְךָ, בְּנֵךְ, בְּנוֹ; plur. בָּנִים; const. בְּנֵי; בָּנַי.

בַּת a daughter; בִּתִּי, בִּתְּךָ; plur. בָּנוֹת; const. בְּנוֹת; בְּנוֹתַי.

גְּדִי a kid; plur. גְּדָיִים; const. גְּדָיֵי.

יוֹם day; plur. יָמִים; const. יְמֵי; dual יוֹמַיִם; with affixes יָמַי.

מַיִם water; const. מֵי or מֵימֵי; מֵימַי.

עַיִן eye; const. עֵין; עֵינִי; dual עֵינַיִם; const. עֵינֵי; עֵינַי.

עַיִר a young ass; with affix עִירֹה; plur. עֲיָרִים.

עִיר a city, עִירִי; plur. עָרִים; const. עָרֵי.

פֶּה mouth; const. פִּי; with affix פִּי, פִּיךָ, פִּיו or פִּיהוּ; plur. פִּים and פִּיוֹת.

פְּרִי fruit; const. פְּרִי; פִּרְיִי, פֶּרְיְךָ, פִּרְיֵךְ, פִּרְיוֹ, פִּרְיָם or פְּרִיהֶם, פְּרִיהֶן or פִּרְיָן.

רֹאשׁ head; רֹאשִׁי; plur. רָאשִׁים; const. רָאשֵׁי.

שׁוֹר ox; plur. שְׁוָרִים.

שֶׂה lamb; const. שֵׂה; with affix שֵׂיו or שֵׂיֵהוּ.

Exercise.

Give the words marked *s.* in the constructive form, and with each possessive affix in the singular; those marked *pl.* in the absolute and constructive forms, and with each possessive affix in the plural; and the others both in the singular and plural.

בָּשָׂר flesh, *s.* כָּבוֹד glory, *s.* מוֹשֵׁל ruler, *s.* מָשָׁל proverb. זָקֵן old, *pl.* קָדוֹשׁ holy, *pl.* שָׂכִיר hireling. שֵׂעָר hair, *s.* גְּבוּל

border. חֲלוֹם dream, חֲלוֹמוֹת· יָמִין right hand, *s.* עַמּוּד pillar, *pl.* מוֹשָׁב dwelling place, *s.*

כֶּרֶם vineyard. דֶּרֶךְ way. נֶפֶשׁ soul, *s.* (each like מֶלֶךְ). גֹּרֶן threshing-floor, *s.* צֶדֶק righteousness, *s.* (like בֶּגֶד)· שֵׁבֶט tribe. אֹזֶן ear, *s.* מֵצַח forehead, *s.* שַׁעַר gate, *pl.* יַיִן wine, *s.* שִׂמְחָה joy. צְדָקָה righteousness. פֶּשַׁע transgression. מַלְכוּת kingdom, *s.* אַחֲרִית end, *s.* חֵן grace, *s.*, from חָנַן· עֵד a witness. מָקוֹם place, *s.* גְּבוּרָה might, *s.*

www.ingramcontent.com/pod-product-compliance
Lightning Source LLC
Chambersburg PA
CBHW031818230426
43669CB00009B/1179
9783337140052